# 雪国

ゆきぐに

Kawabata Yasunari

かわばたやすなり

[日] 川端康成 著

谭晶华 译

CTS 湖南文艺出版社
HUNAN LITERATURE AND ART PUBLISHING HOUSE

# 目录

# 雪国

穿过县境上长长的隧道，就是雪国。夜幕笼罩之中，大地一片洁白。火车在信号所前停下了。

一位姑娘从对面的座位上起身走来，打开岛村面前的玻璃车窗。雪的寒气顿时涌入。姑娘尽量将身子探出窗外，向远处叫喊：

“站长先生！站长先生！”

一个男人提着号志灯，踏着积雪慢慢走来。围巾一直包裹到了他的鼻子，帽子的皮护耳垂荡在两侧。

天已经这么冷了？岛村想着，眺望向窗外。只见几间稀疏的木板房，像是铁路员工的宿舍，萧索地散落在山脚下。还没到那边，雪光就被黑暗吞没了。

“站长先生，是我。您好呀！”

“哦，是叶子姑娘啊。是回家吗？天又冷起来啦！”

“听说我弟弟要到这儿来工作，承您关照了。”

“在这种地方，过不了几天就会闷得慌的。他年纪尚轻，怪可怜的。”

“他还是个孩子，请站长多加指点，拜托您了！”

“好说，他干活儿挺卖力的。这往后就会忙起来的。去年下了大雪，常有雪崩，火车不通时，村里煮饭送茶赈灾，真是够忙活的。”

“站长先生，您穿得可真厚实。弟弟来信说，他连背心都还没穿呢。”

“我穿了四件衣服。那些年轻人冷了就知道喝酒，现在都着凉感冒了，一个个全在那儿趴下了。”

站长朝宿舍方向扬了扬号志灯。

“我弟弟也喝酒吗？”

“他倒没有。”

“您这就回去吗？”

“我受了一点伤，要去看医生。”

“哟，这可要当心。”

站长的和服外面罩着外套，他好像想尽快结束这场站在雪地上的谈话，便转过身子说：

“那么，一路上多保重吧！”

“站长先生，我弟弟现在没出来吗？”叶子的眼睛在雪地上搜寻着，“站长先生，弟弟就请您多多照应，拜托您了！”

她的声音美得不胜悲凉。那么激越，仿佛会从雪夜里传来回声似的。

火车启动了，她仍然没从窗口缩回上身。等到追上在轨道线旁行走的站长时，她又喊道：

“站长先生，请转告我的弟弟，下次休息时回家一趟。”

“好的。”站长大声应答。

叶子关了窗，双手捂住了冻红的脸颊。

县境上的群山经常备有三辆除雪车，供下雪天使用。隧道的南北两端已经接通了雪崩警报用的电线。五千人的除雪民夫，再加上二千人的青年消防员，随时可以出动。

听说叶子姑娘的弟弟从这个冬天起便在这将会被大雪掩埋的铁路信号所干活儿后，岛村对她就更感兴趣了。

但是称她为“姑娘”，不过是岛村自己的揣摩罢了。同行的那个男子是她的什么人，岛村当然是无法知晓的。两人的举止有点像夫妻，可那个男子明显是个病人。陪护病人容易消除男女间的拘谨，照料得越是周到，看上去就越像夫妻。事实上，一个女人摆出一副小母亲的模样，照料比自己年长的男子，旁人远远看去，难免会把他们看成夫妻。

岛村只是就她本人而言，凭着她外表给人的感觉，便随意地认定她只是一个姑娘。也许是因为他用异样的眼光对她观察得过久，结果混杂进了自己的伤感。

还是在三个小时之前，岛村百无聊赖，便端详起了左手的食指，将其转来转去。只有这根手指，还能鲜活地感知到即将前去相会的女人。他越是想记得更清晰些，记忆反倒越是模糊不清。唯有这根手指头上还留有那女人的触感，还带有一丝濡湿感，把自己的思绪引向那遥远的女人身边。他觉得不可思议，甚至把手指凑近鼻子处闻了闻。无意间，他用手指在玻璃窗上画了一条线，上面竟清晰地照出女人的一只眼睛。他大吃一惊，差点儿失声叫起来。然而，这只是因为他的思绪已飘到了远方。等回过神来一看，什么也不是，只是对面座位上那位姑娘映在了窗玻璃上。窗外，夜幕垂挂；车里，灯光明亮。于是，车窗玻璃就成了一面镜子。可是车里的暖气使玻璃蒙上了一层水汽，在用手指擦拭之前，它还不成为镜子。

车窗上仅仅映出一只眼睛，反而更显得她美艳迷人。岛村把脸凑近车窗，摆出一副旅行中愁楚的样子，装作要看窗外薄暮的景色，用手掌擦拭着玻璃。

姑娘的上身微微前倾，专注地向下望着躺在跟前的男人。她的肩膀用力，目光严肃，眼睛一眨不眨，显示出极认真的态度。男人的头朝窗子枕着，蜷着的腿放在姑娘的身边。这是三等车厢，他们与岛村并不是在同一排，而是在前面一排的另一侧。男人侧卧着，因此窗玻璃只能映照到他的耳朵边。

姑娘恰好坐在岛村的斜对面，其实抬头就可以看得见。但在他们俩刚上火车时，岛村因惊异于姑娘那冷艳的美感而低头垂目。就是在那一瞬间，他瞥见了那男人一只青黄色的手紧紧抓住姑娘的手。于是，岛村便觉得不好意思再去多看了。

映在玻璃窗上的男人，目光只及至姑娘的胸部，神情安详且宁静。他虽然身体羸弱，但羸弱中自然地流露出怡然和谐的情致。他把围巾垫在头下，再绕到鼻子下方，遮住嘴巴，又向上包住脸颊，活像一个面罩。围巾的一头有时会松落下来，有时会盖住鼻子，不等他以目示意，姑娘便会温柔地帮他重新掖好。一次又一次，两人无意中不断重复着这样的动作，旁观的岛村都看得不耐烦了。此外，裹着男人双脚的外套下摆也会不时松开、掉落，姑娘也会及时发现，帮他裹好。所有这些都显得极其自然。此情此景，令人觉得他俩完全忘却了距离，仿佛正在去往远方的路上。因此，岛村并不觉得自己看到的是悲哀的不幸而心酸难受，反而像是望着梦中的幻影。或许，这是因为他所看到的景象是从奇妙的玻璃窗上映现出来。

黄昏的景色在镜子的底面流动，也就是说，镜面的映像同镜底的景色像是电影里的叠印镜头，在不停地变换。登场人物与背景之间毫无关联。人物是透明的幻影，背景则是朦胧中流逝的日暮野景，两者融化出一种非现实的象征世界。尤其是在姑娘的脸庞中叠现出野山篝火的刹那，真是美得无以形容，令岛村的心都为之震颤。

远山之上，天空还残留着一抹淡淡的晚霞。隔着车窗望去，风景在不断远去，轮廓仍然分明，但色彩业已消失殆尽。原本平淡无趣的山野看上去更加平常。没了尚能吸引注意力的风物，茫然之中反倒激起岛村巨大的感情波澜。诚然，那是因为姑娘的面庞浮现在了镜中。在映出她身子的那方镜面上，虽然看不见窗外的景物，可是在她的轮廓周边不断地闪现出黄昏的景色，让人觉得姑娘的面影像是透明的。但真是透明的吗？那只是一种错觉罢了。在姑娘的脸庞背后疾驰而去的薄暮景致，仿佛是从她的面前掠过，快得令人无法辨认、捕捉。

车厢里灯光幽暗，窗玻璃也不像镜子看上去那么明亮，它不能反射。岛村看着看着，渐渐忘却了窗玻璃的存在，以为那姑娘浮现在了流动的黄昏景致之中。

这时候，姑娘的脸上亮起了灯火。镜中的映像没有清晰到足以盖过窗外的灯火，而那灯火的亮度也无法抹杀镜中的映像。于是，灯火从她的脸上流淌而过，却不能将她的脸庞照亮。那是远处的寒光，在她小小的瞳孔周边微微地闪亮。在姑娘的眸子与灯火重叠的瞬间，她的眼睛就像美丽妖艳的萤火虫，浮现在暮色的波动中。

叶子并不知道别人在这样审视自己。她的心思全在病人的身上，即便扭头面朝岛村，她也不会发现自己映在玻璃窗上的身影，更不会去留意眺望窗外的男人。

岛村悄悄地看着叶子许久，竟忘记了自己的失礼，想必是镜中的黄昏景色有一种非现实的力量，将他完全吸引住了。

所以，当她喊住站长，表露出过分认真执着的情态时，岛村对她产生的也许就是这种有着小说意味的兴趣。

火车过了信号所，窗外已是一片漆黑。流动的风景隐没了，镜子的魅力也随之消失了。叶子美丽的脸庞仍然映在玻璃窗上，动作仍然那么温柔，但岛村却在她身上发现了一种凛然的冷漠。即使镜子变得模糊，他也懒得再去擦拭了。

但在半个小时后，出人意料的是，叶子他们竟和岛村在同一个车站下了车。他觉得好像要发生什么与己相关的事情，便回头看了一眼。然而，一接触到站台上的寒气，他便对自己刚才在火车上的失礼行为觉得羞愧，于是头也不回地绕过火车头离去了。

男人把手搭在叶子的肩上，正要下到轨道时，站务人员就举手制止了他们。

不久，从黑暗中驶来一列长长的货车，遮挡住了两人的身影。

旅馆招揽客人的掌柜身穿全副防寒的服装，包着耳朵，穿着长筒胶鞋，活像个灭火的消防队员。一个女人披着蓝色的斗篷，戴着兜帽，站在候车室的窗户旁，朝铁道那边张望着。

岛村身上还残留着火车上的暖气，尚未真正感到外面的寒意。但这是他初次领略雪国的严冬，一看到当地人的装束，就先被吓住了。

“真的冷到非穿成这般模样吗？”

“是啊，完全是冬天的装束了。雪后放晴的前一晚冷得厉害。今夜怕是要到零下了。”

“这就算是零下了吗？”岛村注视着屋檐下可爱的冰柱，随掌柜上了汽车。积雪的颜色使得一家家低矮的民房显得更加低矮。村子里一片岑寂，仿佛沉潜在了地底。

“果然，不论碰到什么，都觉得特别冷啊。”

“去年最冷的一天，到过零下二十几度呢！”

“积雪呢？”

“一般有七八尺深吧。下得大的时候，会超过一丈两三尺呢。”

“这才刚开始呢。”

“可不是嘛，大的再往后呢。这场雪是前几天下的，积了一尺来厚，已经化掉不少了。”

“雪还会化掉吗？”

“说不定何时还会下大雪。”

现在是十二月初。

岛村的鼻子因顽固的感冒一直塞着，这时却一下子畅通了，一直通到脑门。清水鼻涕直淌，似乎要将那些脏东西洗刷干净。

“师傅家的那位姑娘还在吗？”

“在的，在的。她也到车站了，您没看见吗？那个披着深蓝斗篷的。”

“原来是她！……等一会儿能叫到她吗？”

“今天晚上吗？”

“今天晚上。”

“说是师傅家的少爷搭乘这趟末班车回来，她去接他了。”

在薄暮的镜子中看到的那个叶子照料的病人，竟然是岛村前来相会的女人的少爷。

岛村了解到这一情况，觉得好像有什么东西打心中经过。但对这样的因缘，他并不感到奇怪。他感到奇怪的，倒是自己不觉得奇怪这一点。

被手指记忆的女人与眼睛里闪着灯火的女人之间，有着什么关系，会发生什么事情呢？不知怎的，岛村在内心深处似乎预感到了什么。难道是自己尚未从薄暮的镜中彻底地清醒过来？那黄昏景致的流转，难道是时光流逝的一种象征？岛村无意间发出了如此这般的喃喃自语。

滑雪季之前，温泉旅馆里客人是最少的。岛村从室内温泉上来时，整个旅馆一片寂静，客人都已睡下了。在陈旧的走廊上，他每踏出一步，都会震得玻璃门轻轻作响。在长廊的尽头，账房的拐角处，一个女人高高站立着，和服的下摆拖曳在冰冷黑亮的地板上。

一看到那和服的下摆，岛村心里便不觉一惊：她到底还是当了艺妓。女人既没有朝这边走来，也没有做出表示迎候的动作，只是纹丝不动地站在那儿。远远看去，岛村还是能感受到她的真情。他急忙走过去，无言地站在她的身旁。她的脸上抹着一层厚厚的白粉，想要微笑，却现出了一副哭相。两个人什么都没说，只是向房间走去。

发生过那种关系，岛村却连信也未写，人也不来，连寄一本舞蹈书籍的约定也没兑现。她必定认为自己早已被忘却，一笑了之了吧。照理说，岛村应该先道歉，或者找借口开脱，但两人谁也没看谁，就这么一起走着。岛村仍然感觉得到，她非但没有责怪自己，反而对他充满了依恋。此刻，他不论说些什么，只会更加显得自己虚情假意。岛村尽管有些被她的气势压倒，但仍然沉浸在一种甜蜜的喜悦之中。走到楼梯口时，岛村突然将左拳伸到她面前，竖起食指，说：

“这家伙最记得你哪！”

“是吗？”说着，女人便紧攥住他的食指不放，拉着他上了楼。

在暖笼前，她松开手，脸一下子红到了脖子。为了掩饰窘迫，她又赶紧抓起岛村的手。

“是这个记得我，是吗？”

“不是右手，是这一只手。”

岛村从她的手心里抽出右手，放进暖笼，再伸出左拳。她像没事似的说道：

“嗯，我知道。”

女人抿着嘴笑，掰开岛村的拳头，把脸贴在他手上。

“是这个记得我吧？”

“哟。好凉。这么凉的头发，还是头一次碰到。”

“东京还没有下雪吗？”

“上一次，你虽然那么说，但毕竟是言不由衷吧。不然的话，谁会在年底跑到这么冷的地方来呀？”

上一次——正是雪崩的危险期已过，满山新绿的登山季节已经来到之时。

饭桌上不久就不能品尝到万年藤的嫩叶了。

岛村终日无所事事，不觉间对自己也变得玩世不恭了。为了唤回已经失去的真诚，他常常独自往山里跑。他在县境的群山里待了七天。那天晚上，他刚下到了这个温泉旅馆，便要人叫个艺妓来。但是，那一天正赶上筑路工程的落成典礼，村里十分热闹，连兼做戏园子的茧仓也都成了宴会的场所。所以，女佣告知说，这儿的十二三名艺妓实在忙不过来，今天也许叫不到了。倒是三弦师傅家的姑娘，虽然也在宴会上帮忙，但只是跳上两三场舞蹈就会回来，说不定她能来。岛村便再打听姑娘的事，女佣简略地说明：那姑娘住在教授三弦和舞蹈的师傅家中，并不是艺妓，但碰到大型宴会，偶尔也会受邀去帮忙。这儿没有雏妓，年纪大一些的又不愿起来跳舞，所以那姑娘就被当作宝贝。她难得独自来旅馆接待客人，但也不能完全说是个外行。

这番说辞有点儿不可信，岛村并不把它当作一回事。一个小时后，女佣把姑娘带来了。岛村不由得一惊，赶紧端坐起来。女佣起身要走，姑娘却抓住她的衣袖，让她陪坐着。

姑娘看上去出奇地洁净，仿佛连她的脚趾间都是干净的。岛村甚至怀疑，也许是因为自己刚刚观赏了初夏的山色吧。

衣着打扮多少有点艺妓的风韵，但和服的下摆尚未拖曳到地板上。她穿着柔软的单衣，样子很整齐，唯有腰带不大相称，显得挺贵重的。这样反倒叫人觉得有点可怜的样子。

趁他们开始谈论山上的事情，女佣就抽身走开了。姑娘连村子里可以看见的山都不知道名字。岛村便没了喝酒的兴致。不料，姑娘却坦率地聊起了自己的身世：她出生在雪国，在东京当陪酒女时被人赎出，原想着今后当个日本舞蹈的师傅，借以安身立命。没想那位老爷一年半后就去世了。从他死后到现在的那一段生活，或许才算得上是她真正的身世，但她似乎并不急于说出来。她说自己今年十九岁，要是没有谎报，人看上去倒是有个二十一、二岁了。如此一来，岛村就不觉得拘束了。谈起歌舞伎，她甚至比岛村还要熟悉有关艺人的演技风格和信息。也许她一直希望能有这样一人和自己聊聊，所以说得很来劲，举止中露出了风尘女子不拘形迹的做派，对男人的心思也似乎基本了解。尽管如此，岛村一开始就把她当作良家的姑娘，加上他在山里已有一个礼拜没好好与人交谈了，对人充满了眷恋之情，于是他对这位姑娘首先产生了一种近乎友情的好感。他把山居寂寥的伤感延续到了姑娘的身上。

第二天下午，姑娘把洗澡用具放在走廊上，到他的房间里玩。

还没等她坐稳，岛村就突然提出要她帮忙找个艺妓来。

“你是说要人帮忙？”

“这你不明白？”

“你真讨厌！我做梦也没想到你会求我做这种事！”她愠怒地站起身走到窗边，眺望着县境上的群山。过了一会儿，她脸蛋绯红地说：

“这里没有那种人。”

“胡说！”

“真的！”她说着转身坐到了窗台上。“这儿绝对不会勉强人，全凭艺妓自己的意愿。旅馆也不做帮忙介绍之类的事。这是真的。不信，你随便叫个人问问看。”

“那你就找个人替我问问。”

“为什么非要我做呢？”

“因为我当你是朋友。既然要跟你交朋友，我就不打你的主意。”

“朋友是这样的吗？”她随口说出这么一句孩子气的话，接着又脱口而出，“你可真厉害，居然求我帮忙做这种事！”

“又不是什么了不起的事。我来到山里把身子练结实了，可脑子却不太灵光，连跟你都不能好好地交谈。”

姑娘垂下眼睑，沉默了。岛村摆出了男人的无耻做派来，这或许是因为他知道姑娘已习惯了体贴别人。她那低垂的双眸，在浓黑的睫毛映衬下，更显娇艳妩媚了。在岛村的注视下，姑娘轻轻地摇了摇头，脸上泛起微微的红晕。

“那你就叫上一位你满意的来吧。”

“我这不是在问你吗？我人生地不熟，不知道谁长得漂亮。”

“你是说要找一位漂亮的？”

“年轻的就好。年纪轻，一般错不了。不要话多的。只要人老实、干净些就行。想聊天的时候就找你。”

“我再也不来了。”

“瞎说！”

“真的，我不来了。我来做什么呢？”

“我是想和你单纯地交朋友，所以才不打你的主意。”

“这叫什么话！”

“要真做了那种事，说不定我明天连你的面都不愿见了，哪会再有兴致与你聊天！我从山上来到村里，就是想和人亲近，可我不愿打你的主意。毕竟，我只是个游客啊。”

“嗯，这倒是真话。”

“本来就是嘛。假如找了个你讨厌的女人，以后见了面，你也会不痛快的。所以由你替我找，总会好一些。”

“那谁晓得!”她愤愤地掉转过头说，“话倒是说得在理……”

“要是有了那种关系，我们之间也就算完了。那样太乏味了！恐怕也长久不了。”

“是啊，谁都是这样。我出生在港口，这儿是温泉村。”没想到姑娘用坦率的口吻说道，“客人大都是出门在外的。我那时虽然只是个孩子，但听很多人说起过：只有那些内心喜欢你却不挂在嘴上的人，才总叫人思恋，难以忘怀。即使分别以后也是那样。能想起你，给你写上一封信的，大多也是这样的人。”

姑娘从窗台上站起身，又温柔地坐在窗下的榻榻米上。看她的神情，像是沉浸在遥远的往事之中，但刹那间又恢复到坐在岛村身边时的表情。

姑娘的声音充满了真情。岛村不禁有点儿内疚，为自己如此轻易地欺骗了她。

但是，岛村并没有撒谎。不管怎样，姑娘还不是个外行。他若是要找女人，总是可以用问心无愧的办法轻易办到的，完全不用打她的主意。她太洁净了，第一眼看到她时，岛村就把这种事与她撇开了。

再说，岛村对夏季避暑地的选择尚在犹疑，甚至想过是否要把家眷也带到温泉村。正好这姑娘并非风尘女子，可以请她与太太做伴。为排遣寂寞，太太还可以跟她学学舞蹈。他确实是这么打算的。尽管想与她交个朋友，但也有着这点小算盘。

当然，眼下的情景似乎也与他在观看暮景中的镜子相仿。他不仅不想跟一个身世不明的女人纠缠，而且对她也许还有一种非现实的看法，就像他望着暮色中映现在车窗玻璃上的女子一样。

岛村对于西洋舞蹈的兴趣亦是如此。他生长在东京的平民商业区，孩提时代起便接触歌舞伎戏剧。到了学生时代，他的爱好转向了传统舞蹈和舞剧。他的脾性就是如此，凡是喜好之物，不钻研到底是不会放下的。于是，他去搜寻古代的记录，走访各个流派的宗师，不久也结识了一批日本舞坛的新秀，甚至撰写起了研究和评论的文章。日本传统舞蹈的抱残守缺，以及他们对新尝试的自鸣得意，都让岛村感到不满，他因而产生了只有投身于实际运动，除此别无他法的念头。可是，正当日本舞坛新秀邀请他的时候，岛村却突然扔下了日本舞蹈，转向了西洋舞蹈。他开始搜集西洋舞蹈方面的书籍和照片，甚至还不辞辛劳地设法从国外弄来海报和节目单。那绝不仅仅是对异国情调和未知事物的好奇，更是因为他在无缘目睹的西洋舞蹈中发现了新的乐趣。对日本人跳的西洋舞，岛村从来就不屑一顾，便是明证。仅仅凭着西洋的出版物撰写有关西洋舞蹈的文章，那是再轻快不过的事了。不曾看过的舞蹈，就不能算是现实世界中的事了，所以这不过是纸上谈兵，是天国里的诗篇而已。虽然名为研究，但不过是随意的空想。他所欣赏的不是舞蹈家灵活的肉体演绎的舞蹈艺术，而是舞蹈艺术的幻影，是他根据西方的文字和照片幻想出来的，如同迷恋着一位未曾谋面的女人一样。由于不时写些介绍西洋舞蹈的文字，居然也勉强成了文人，岛村对此感到好笑。然而，对于没有职业的他来说，这也未尝不是一种慰藉。

岛村关于日本舞蹈的一席话，竟然使姑娘与他亲近起来。他的这些知识，到这时候才久违地派上了用场。也许在无意识之间，他是像对待西洋舞蹈一样看待这位姑娘了。

因此，当他看到自己这番淡淡旅愁的话竟触动了姑娘生活中的痛处，便觉得自己好像欺骗了她，不免有点内疚。

“这样的话，我下次把家眷带来，就可以与你放开畅游了。”

“嗯，这我都明白。”姑娘话音沉静，脸上带着微笑，随后又像艺妓那样嘻嘻哈哈地说道，“我也喜欢那样，平淡的交往可以长久。”

“所以你得给我叫一个来。”

“就现在？”

“嗯。”

“真是吓人！这大白天的，叫我怎么开得了口！”

“我可不要别人挑剩的。”

“你怎么说出这种话！这里可不是那种唯利是图的温泉村。你看看村里的情况，不就明白了。”她好像十分惊异，竭力严肃地强调这里没有这样的女人。见岛村不信，她就越发较真起来，不过倒也退让了一步地说，不管怎样，反正得由艺妓自己做主。倘若艺妓不告诉东家，擅自留宿，出了事就由艺妓自己负责，东家是不管的；倘若事先打过招呼，那就由东家负责，承担后果。她说，其中的差别就是这一点。

“所谓负责是指什么呢？”

“譬如说有了孩子啦，或者身体得了什么病啦。”

意识到自己的提问有多愚蠢，岛村不禁苦笑，心想：也许在这个山村里还真有这样的事。

岛村终日无所事事，自然要寻求一种保护色，所以他对旅途中的风土人情有种本能的敏感。从山上一下来，他便在这个村子古朴的气象中感受到了闲适的情致。向旅馆一打听，果然是这一带雪国中生活最安逸的村落之一。前几年火车尚未开通时，据说这里主要是农家的温泉疗养地。有艺妓的基本是饭馆或出售赤豆汤的店家，挂着褪色的门帘，老式纸槅拉门熏得黑黑的，让人不免怀疑这种地方会有人光顾吗。而那些卖日用品的杂货店和糖果店之类的，也会雇上一名艺妓，掌柜除了经营店铺，还得兼顾农活。或许因为是师傅家的姑娘吧，虽然没有执照，但偶尔去宴会上做个帮手，也不会有艺妓责难。

“那么，这儿究竟有多少人呢？”

“艺妓吗？十二三人吧。”

“哪个好一些呢？”岛村起身去揿铃。

“我要回去了。”

“你可不能回去！”

“我不乐意。”她好像是要摆脱屈辱似的说，“我回去了，你放心。我不会介意的。我还会再来的。”

可是，她一见到女佣，就又若无其事地坐了下来。女佣几次问她叫谁来，她始终没说出谁的名字。

过了一会儿，来了一位十七、八岁的艺妓。一见之下，岛村刚从山上来到温泉村时对于异性的渴念，一下子就消失了。手臂黑黑的，瘦骨嶙峋的，倒是挺老实的样子，未经什么世故。他尽量不露出败兴的神色，把脸朝向艺妓，实际上是在眺望艺妓身后窗外的那片满是新绿的群山。岛村连话也懒得说了。这是标准的乡下艺妓。姑娘见岛村一声不吭，像是为了调节气氛，默默地起身走开，但这样场面就更显得尴尬了。她仍然留了一个小时的光景。岛村琢磨着怎么打发艺妓回去，忽然想起收到一张电汇单，便借口要赶时间上邮局，与艺妓一起走出了房间。

但是，一出旅馆的大门，抬头望见新叶馥郁的后山，他好像受到了诱惑，冒失地登山去了。

不知有啥好笑的，他一个人却笑个不停。

直到累了，他才撩起单衣的下摆，转身一溜烟地跑下山去。这时，他的脚下飞起了两只黄蝴蝶。

蝴蝶飞舞着，不久就飞得比县境上的群山还高，黄色渐渐变成了白色，最终远去了。

“你怎么啦?”姑娘站在杉树荫下，“笑得好开心呀。”

“算了。”岛村又莫名其妙地想笑，“不找了。”

“是吗?”

姑娘冷不防转过身，缓缓地朝杉林中走去。岛村默默地跟在后面。

那里有座神社。石头狮子上长满了青苔，她在旁边一块平坦的大石头上坐下来。

“这儿最凉快。哪怕是大热天，也有凉风呢。”

“这里的艺妓全是那种类型的吗？”

“差不多吧。年龄大的，倒有些漂亮的。”姑娘低着头冷淡地说，颈项间仿佛映上了一小块杉林的暗绿。

岛村抬头望着树梢。

“这下好了。身上的劲儿一下子全跑掉了。真是奇妙。”

杉树很高，得把手放到身后撑住岩石，仰起上半身才能望见树梢。一棵棵的杉树排成了一行，暗绿的树叶遮蔽了天空，周边杳无声息。岛村背靠的是一棵最古老的树。不知何故，朝北一侧的枝叶全都枯萎了，光秃秃的，宛如倒插在树干上的尖木桩，像是一件神仙的武器，令人畏惧。

“是我搞错了。从山上下来，第一个见到的就是你，我就以为这里的艺妓都很漂亮。”岛村笑着说。这时他才发现，自己之所以想要消耗这七天在山间蓄养的精力，是因为一开始就见到了这位洁净的姑娘。

姑娘凝目远望，河流在夕阳的普照下闪着光泽。她显得无聊窘迫。

“哟，我几乎忘了，你想抽烟了吧？”她尽量装出轻松的样子，“刚才我回过你的房间，见你不在，心里正在纳闷儿你干什么去了，就从窗口看见你一个人在拼命地爬山。实在好笑。我想也许你忘了带烟，就顺便帮你捎了来。”

于是，她从衣袖兜里掏出他的香烟，为他点上火。

“对那孩子，真有点过意不去啊。”

“那有什么，何时打发她回去，还不是看客人的方便。”

河里有很多石子，水声听上去圆润甜美。透过杉树林的缝隙，可以看见对面山壁上壁皱间的阴影。

“除非找个与你不相上下的，不然以后见到你，心里会有遗憾的。”

“那谁知道！你这个人可真难缠。”姑娘生气地说了岛村一句。但此时两人之间的感情，与叫艺妓来之前已经截然不同了。

岛村清楚地知道，自己一开始想要的就是她，只是照例在兜圈子罢了。他对这样的自己感到厌恶，而那姑娘在他眼中也愈发显得俏丽了。自姑娘从杉树荫下叫住他后，她似乎全然没了拘束，一下子变得脱俗亮丽了。

挺刮的小鼻子略显单薄了些，但鼻子下方纤小、紧抿的嘴唇恰似水蛭美丽的轮环，伸缩自如，柔滑细嫩。即使沉默不语时，仿佛它也在翕动着。要是唇上起了皱纹或颜色变得不美时，按理会让人觉得不干净，可是她的双唇却不是这样，显得光洁湿润。眼角既不上吊也不下垂，眼睛像是故意描平的，看上去有点儿滑稽，但两道弯弯的浓眉覆在上面，显得恰到好处。圆脸，颧骨微耸，轮廓虽然平常，但肌肤白里透红，恰似白瓷上涂了一层淡红。脖子上没有赘肉，与其说她美丽，毋宁说她洁净。

就一个当过陪酒的女人来说，她的胸骨隆起，稍稍有点儿突兀。

“你瞧，不知不觉中飞来了这么多的蚋虫。”她掸了掸衣服的下摆，站起身来。

在一片沉寂之中待着，两个人都意兴索然了。

那天晚上，十点左右，姑娘在走廊上大声呼喊岛村的名字，啪嗒一声像要倒下来似的闯进他的房间。她趴在桌子上，醉醺醺地乱抓乱撒桌上的东西，随后就咕嘟咕嘟地一通喝水。

傍晚时分，去年冬天在滑雪场上认识的几个男人翻山而来，正好遇见了她。他们邀她到旅馆玩，还叫上了艺妓，胡闹一气。她被他们灌醉了。

她晕头晕脑，语无伦次地说了一通。

“不好意思，我去去就来。他们会以为我怎么了，准在找我呢。回头再来。”说完，她踉踉跄跄地走了出去。

大约一小时以后，长廊上又传来了凌乱的脚步声，来人跌跌撞撞地走了过来。

“岛村先生！岛村先生！”她尖声喊叫着，“啊，我看不见了，岛村先生！”

毫无疑问，这是女人在赤诚地呼唤自己的男人。这让岛村感到意外。她的尖嗓门儿准会惊醒整个旅馆，他不知如何是好地起身。姑娘戳破了拉门上糊的纸，抓住门上的木框，一下子扑倒在岛村的怀里。

“啊，你在这儿呀。”

她缠着岛村坐下，倚靠在他身上。

“我没醉。嗯，我哪儿会醉啦。难受，只觉得难受。可是我可清醒着哪。啊，我想喝水！真不该去喝掺了威士忌的酒，会上头。头痛。他们买来的是便宜货，我一点儿也不知情。”说着，她不停地用手心搓着脸。

外面的雨骤然下得猛烈了。

只要稍一松手，她就会软软地瘫下去。岛村紧紧搂着她的脖子，脸颊都要压坏她的发髻了。他的手伸进了她的怀里。

姑娘没有理睬他的所求。两只胳膊紧压在他所渴求的地方，像上了门闩一样。只是因为喝醉了，使不上劲。

“咋回子事？妈的，妈的！一点劲儿也使不上，这软蛋！”说着，她一口咬住了自己的胳膊。

他一惊，赶紧扳开，但胳膊上已经留下了深深的牙印。

然而，她已经任由岛村摆布了。她在他手上乱涂，说要把她喜欢的人名写给他看。她写了二三十位演员和明星的名字，接着写了无数次岛村这两个字。

岛村手心那令人愉悦的圆鼓鼓的东西越来越热了。

“啊，放心了，放心了。”他温和地说，甚至有一种类似母性的感觉。

姑娘突然又难受了，挣扎着站起身，倒向房间的另一个角落。

“不行，不行。我得回去，回去。”

“你怎么能走呢？下着大雨啊。”

“赤脚回去，爬着回去。”

“太危险了。要回去，我送你。”

旅馆坐落在一个山岗上，有一段陡坡。

“松一松腰带，或者躺一会儿，醒醒酒就好了。”

“那不行。这样就很好，我已经习惯了。”她猛地坐起身，挺起胸，这样一来反而憋得慌。她打开窗户，想吐却又吐不出来；想扭动身子翻滚一下，可又咬牙忍住了。她不时地打起精神，嚷嚷着“回去，回去”，就这样到了凌晨两点。

“你睡吧，哎，你去睡吧！”

“你怎么办？”

“我就这么着，等酒醒后就回去。趁天还没亮就赶回去。”她跪着蹭过去，拉住岛村，“我叫你别管我，睡你的吧。”

岛村躺进被窝，姑娘又趴在桌上喝水。

“起来，哎呀，我要你起来嘛！”

“你到底要我怎么样？”

“还是睡你的吧！”

“看你在说什么！”岛村说着，起身把姑娘拖了过去。

她先是躲闪着转过脸，突然又把嘴凑了上来。

但是接着，她又像梦呓一般地倾诉起了痛苦。

“不行，不行。你不是说过，我们要做朋友吗？”这句话她翻来覆去地说了很多遍。

岛村被她真挚的话语打动了，但看着她颦蹙的双眉、那种拼命压抑着自己的坚强意志，不禁冷静下来。他甚至心想，自己要不要信守对她许下的诺言。

“我已经没有什么可惜的了，我绝不是舍不得。可是，我不是那种人，我不是那种女人呀！这样以后就长久不了，这不是你说的吗？”

她已经醉得神志不清了。

“不能怨我，是你不好。是你输了，是你软弱，可不是我！”她顺口道出，为了抑制内心涌上的喜悦，咬住了衣袖。

她沉静了片刻，仿佛失了神，忽然又像想起什么似的，尖刻地说：

“你在笑，你在笑我呢！”

“我没笑。”

“你心里在笑，是吧？即使现在不笑，过后也一定会笑！”说着，她俯下身子啜泣起来。

但是，她马上又不哭了，温柔地靠着他，深情地谈起自己的身世。她好像忘却了酒醉的痛苦，一句也没提起方才发生的事。

“哎呀，只顾着说话，把什么都忘了。”她羞涩地微笑着。

她说，天亮之前一定要赶回去。

“天色还很暗。不过这一带的人都起得早。”她几次起来开窗探望，“连个人影都不见。今早下雨，谁也不会下田。”

对面的群山和山脚下的屋顶已在雨中浮现，她依然恋恋难舍，但还是在旅馆里的人快起床之前整好了头发。岛村想送她到门口，她却怕被人看见，一个人匆匆忙忙逃跑似的走了。岛村当天就回了东京。

“上一次，你虽然这么说，但毕竟是言不由衷吧。不然的话，谁会在年底跑到这么冷的地方来呀？再说，之后我也没有讥笑过你。”

她蓦地抬起头，贴在岛村手掌上的眼睑到鼻子的一侧泛着红晕，透过厚厚的脂粉依旧看得出来。这令人想起雪国之夜的严寒，但因为她的头发是浓黑的，又使人感到温暖。

她笑容粲然，或许是想起了“上一次”的情景，又仿佛岛村的话渐渐浸润了她的身体。她闷闷地低下头，透过敞开的后衣领，可以看到脊背也现出了红潮，好似温润娇艳的身子整个儿裸露了出来。也许是衬着发色的关系，更使人产生这样的感觉。她的额发并不细密，可发丝却像男子的一样粗，梳得一丝不乱，宛如黑色的矿物，发出凝重的光亮。

刚才触及时，觉得生平第一次摸到这么冰凉的头发，吃了一惊，看来那并不是因为寒冷，而是她的头发天生就是如此。岛村再次打量她，只见她把手搁在暖笼上，不停地弯着手指数数。

“你在算什么呀?”岛村问道。她仍然不吭声，扳动手指数着。

“那天是五月二十三日吧。”

“哦，你在算日子啊。七月和八月连续两个大月嘛。”

“嗯，今天是第一百九十九天，恰好是第一百九十九天!”

“你能记着五月二十三日，倒是挺不容易。”

“一看日记就知道了。”

“日记？你记日记吗？”

“是啊。看看以前的日记，真是一种乐趣。什么都不隐瞒地写下来，自己看了都会脸红。”

“从什么时候开始记的？”

“去东京陪酒之前没多久。那时手头很紧，买不起日记本，就写在两三分钱一本的杂记本上，用尺子画上线。铅笔削得尖尖的，画出的线可整齐了。每一页从上到下都密密麻麻地写满了小字。等到后来自己买得起本子时，却不行了，用起来就随便了。练习写字也一样，早先是写在旧报纸上，近来却直接写在普通的信纸上了。”

“你记日记没间断过吗？”

“嗯。十六岁那年和今年的日记最有趣。平时从饭局回来，换上睡衣后就写。到家已经很晚了，有时写到一半就睡着了，那些地方现在看还能认得出来。”

“是吗？”

“不过，也不是天天记，也有不记的时候。在这样的山村中，应酬还不就是那老一套。今年只买到每页印着年月日的日记本，真是失算。有时会写得很长，一页不够用。”

比起日记，更让岛村感到意外的是，她从十五六岁起，把读过的小说都一一做了笔记，据说已有了十本之多。

“你把感想写上了吗？”

“感想我可写不来，不过是把书名、作者、人物的名字以及人物之间的关系记录下来而已。”

“这种东西记下来又有什么用呢？”

“是没什么用。”

“徒劳而已。”

“就是嘛。”她并不在意，明快地回答，双眼直直地注视着岛村。

不知何故，岛村还想大声地再次强调：徒劳而已。就在这时，身心静寂，仿佛能听见雪花飘落。这是受了姑娘感染的缘故。岛村明明知道她这样写并非徒劳，却偏要迎头给她来这么一句。结果，他反倒觉得姑娘是多么单纯质朴的存在。

姑娘所说的小说，好像与日常所说的文学毫不相关。她与村里人的关系无非是彼此交换借阅妇女杂志之类的，大多数时候是独自看的。没有选择，也不求甚解。即使在旅馆的客厅里，只要看到什么小说和杂志，她就借去阅读。姑娘记得的新作家的名字，有不少连岛村都不知道。但听她的口气，却仿佛在谈论遥不可及的外国文学，发出好像毫无贪欲的乞丐一般凄惨的语调。岛村在心里暗忖：自己靠着外文书上的照片和文字对西洋舞蹈想入非非，那情形恐怕也与她相仿吧。

对于不曾看过的电影和戏剧，她也会兴高采烈地谈论着。或许是几个月来，她一直在渴望着这么一位聊得来的对象。姑娘大概已经忘了，在一百九十九天前，正是热衷地谈论这些事，让她投向了岛村的怀抱。现在，她又一次被自己所描绘的一切激动得连身体都发热了。

然而，姑娘对都市的向往之情也被她很率直地断了念，似乎成了天真的梦幻，毫无都市落魄者那种傲慢的哀怨，却强烈地表现出单纯的徒劳之感。虽然她自身并未流露出寂寞的神情，但岛村仿佛对她生出了不可思议的哀愁。要是岛村一味沉溺在这种思绪里，恐怕连他自己也会陷入深深的伤感中，觉得连自己的生存也是徒劳的了。不过，山中的寒冷将眼前的姑娘浸染得面色红润，生机勃勃。

不管怎么说，岛村已开始对她另眼相待。但现在，她已成为艺妓，岛村反而难以开口了。

当时，她喝醉了，对自己软瘫无力的手臂恨得牙痒痒。

“咋回子事？妈的，妈的！一点劲儿也使不上，这软蛋！”说着，就一口狠狠咬住了自己的胳膊。

因为站不稳，便倒在榻榻米上打着滚。

“我绝不是舍不得。可是，我不是那种人，我可不是那种女人呀!”岛村想起她说的这句话，越发犹疑了。她似乎有所察觉，站起身，顶撞似的说道:“是零点的上行火车!”此时，传来火车的汽笛声。她猛地拉开纸槅门和玻璃窗，凭栏坐到了窗台上。

冷气顿时涌进了房间。火车声渐渐远去，听上去就像夜晚的风。

“你不冷吗?傻瓜!”岛村站起来过去一看，没有风。

这是一幅严寒的夜景，仿佛能听见冰寒雪冻的声音从地底深处传来。没有月亮。抬头望去，满天的繁星浮现在夜空，仿佛正以不露痕迹的速度坠落。随着群星慢慢逼近，天空越显遥远，夜色更见深沉。县境上的群山已经分不清轮廓，只是黑乎乎的一片，沉沉地低垂在星空之下。清寒、静谧，一切都相当和谐。

得知岛村走近身旁，姑娘把胸脯搁在栏杆上。那模样不显丝毫的软弱，而是以这样的夜空为背景，表现出无比坚强的姿态。岛村心想:她的任性又来了。

群山尽管颜色如墨，但不知怎么回事，依然映现出莹白的雪色。这时，不免令人感觉群山空灵而又冷寂。天空与山岳不再和谐。

岛村抓住姑娘的喉咙说:

“会着凉的，这么冷的天!”他使劲地往后拖她。她抱住栏杆，哽咽着说：

“我要回去了。”

“你走吧！”

“让我再这样待上一会儿吧。”

“那我去洗澡。”

“不要嘛，你还是留在这儿。”

“关上窗户。”

“再让我待一会儿。”

村子半隐在有神社的杉树林里。到火车站，乘汽车不到十分钟。火车站的灯光因为严寒不时闪烁着，瑟瑟有声，像是要坏掉似的。

姑娘的脸颊，窗户的玻璃，自己身上的棉服衣袖，所有手能触摸到的东西，岛村都头一回觉得是这么寒冷。

就连脚下的榻榻米也是冷冰冰的。他想独自去洗澡。

“等等，我也去。”她乖乖地跟了过来。

她把岛村脱下的衣服收进篮子的时候，一个投宿的男子走了进来。见姑娘把脸畏缩地藏在岛村胸前，他就说：

“啊，对不起。”

“不客气，请便。我们到那边去。”岛村急忙说着。他光着身子，抱起衣篮，走到隔壁的女浴池。当然，姑娘也装作妻子的模样跟了进来。岛村一声不吭，头也不回地跳进了温泉浴池。他安下心来，不禁想放声大笑，又对着水龙头使劲漱起口来。

回到房间，姑娘从枕头上轻轻抬起头，用小手指往上拢了拢鬓发。

“真伤心啊。”她只说了这么一句。

岛村还以为她是半睁着黑色的眼睛，凑近一看才知是她的睫毛。

这个神经质的女人竟然整夜没有合眼。

大概是姑娘束腰带的窸窣声把岛村吵醒了。

“不好意思，这么早吵醒你。天还没亮呢，哎，你看看我可以吗？”她关上了电灯，“看得见我的脸吗？”

“看不见。天不是还没亮嘛。”

“骗人。你仔细看看，怎么样？”她又推开了窗户，“看见了吧？不行，我该走了。”

黎明时竟这么冷，岛村感到有些惊异。他从枕头上抬头向外望去，天空仍是一片夜色，但山头已发白了。

“哦，没关系。现在正是农闲时节，没有人会这么早就出门的。不过，会不会有人上山来呢？”她在喃喃自语，拖曳着尚未系好的腰带踱着步。

“刚才五点钟那趟下行火车，好像没有乘客下来。旅馆的人要起来，还早着哪。”

她系好腰带后，一会儿站着一会儿坐着，不停地望着窗外来回徘徊。就像一头害怕清晨的夜行动物，焦灼地转来转去，不得消停。她透着妖艳的野性，显得越来越亢奋。

不久，房间里明亮起来了，姑娘红润的脸颊越显分明。那么艳美的红，让岛村都看呆了。

“你脸蛋那么红，是冻的吧？”

“不是冻的，是洗去了脂粉。我一钻进被窝，连脚趾头都会发热。”她面对枕边的梳妆台照了照，说，“天到底全亮了，我要回去了。”

岛村朝她望去，忽然缩了缩脖子。镜子里，积雪闪着白光。雪上浮现出姑娘绯红的面颊，有一种难以言喻的洁净之美。

也许是朝阳即将升起，镜中的白雪冷冽地燃烧着，闪着耀眼的光辉。姑娘在雪中浮现的黑发泛着紫色的光泽，鲜明透亮。

也许是为了防止积雪，人们在旅馆的墙脚临时挖了一条水沟，让浴池里溢出的热水流出来，在大门口汇成了一个浅浅的泉水塘。一条健壮的黑毛秋田犬站在踏脚石上舔了半天的泉水。供游客使用的滑雪用具靠墙晾了一排，像是刚从仓库里搬出来的。温泉的水蒸气冲淡了上面微微的霉味儿。雪块从杉树枝上掉落到公共浴池的屋顶，被热气一熏就变了形状。

不久，从年底到正月的这段日子，这条路会被暴风雪埋没。到时去饭局应酬，就得穿上雪裤，套着长筒胶靴，裹在斗篷里，再包上头巾。积雪将会有一丈来深。姑娘倚着旅馆的窗口，俯视着黎明前的这条坡道时，曾这样说过。现在，岛村正沿着这条路往下走。从路旁高高晾晒的尿布底下，可以望见县境上的群山。山上的积雪闪着清辉。碧绿的小葱尚未被掩埋。

村里的儿童正在田间滑雪。

一进村子的街道，滴水声便清晰可闻。

檐下的小冰柱正闪着可爱的光。

一个从浴池回来的女人，仰头望着在屋顶除雪的男人说："我说，能顺便帮我家也扫一下吗？"她好像觉得有一点儿晃眼，便用湿手巾擦着额头。她大概是冲着滑雪季早早赶来做女招待的。隔壁就是一家酒馆，玻璃上的彩色画已经陈旧，屋顶也倾斜了。

普通人家的屋顶大多铺有细木板，板上压有一排排的石头。这些圆石，只有晒得到太阳的一面才会在雪中露出黑色的肌理。那黝黑的颜色并不是由湿气造成的，而是久经风雪吹打形成的。这些低矮的房屋，也和石头给人的印象相似，静静地伏在地面，让人觉得这里就是雪国了。

孩子们从沟里捞起冰块，往路上摔着玩耍。想来是冰块脆裂飞溅时的寒光令他们感到有趣。岛村站在阳光里，看到冰块竟有那么厚，简直难以置信，以至于在那儿看了好一阵。

一个十三四岁的女孩靠着石墙织毛线。雪裤下穿了一双高底木屐，却没有穿袜子。两只脚冻得通红，脚底板上生了冻疮。另一个三岁左右的小女孩坐在她身旁的柴垛上，天真无邪，手上拿着毛线团。大女孩从小女孩处抽出来的那根灰色的旧毛线，散发着温暖的光色。

隔着七八座房子，便是一家滑雪用品制造厂，里面传来刨木的声音。工厂对面，五六个艺妓正站在屋檐下聊天。早晨，岛村刚从旅馆的女佣处打听到，姑娘的艺名叫驹子。这时，他心想她准在里面。果然，她也看到了岛村，摆出一副一本正经的面孔。她肯定会脸红吧，但愿她装出若无其事的样子。不等岛村想完，驹子已经连脖子都红了。她本可以转过脸，却窘迫地垂下眼睑，但目光又追随着岛村的脚步，一点点地朝他转过脸来。

岛村感觉自己的脸颊发烫，便赶紧从艺妓们的跟前走过。驹子紧接着追了上来。

“真叫人难堪，怎么从那儿过！”

“要说难堪，我才难堪呢！你们摆出那阵势，吓得我都不敢过了。你们常常那样吗？”

“是吧，下午常那样。”

“你红着脸，啪嗒啪嗒地追上来，岂不更加难堪吗？”

“没关系。”她说得很干脆，脸却又红了。她站在那里，攀住路旁的一棵柿子树，“我跑过来，是想请你顺便到我家坐坐。”

“你家就在这儿？”

“是的。”

“要是给我看你的日记，我就去。”

“那是我死前要烧掉的东西。”

“不过，你家有病人吧？”

“哟，你知道得很清楚呀。”

“昨晚你不是去车站接人了吗？披着一件深蓝色的斗篷。在火车上，我就坐在靠近病人的地方。有一位姑娘陪护着他，既周到又亲切。那是他的太太吧？是从这儿去迎接他的，还是从东京来的？就像一位母亲，我看着很是钦佩。”

“你昨天晚上为什么不说这件事？为什么不说？”驹子神色不快地问。

“是他太太吗？”

驹子没搭理他。

“为什么昨晚不说？真是奇怪。”

岛村并不喜欢她这样严厉的样子。无论对岛村还是驹子来说，让女人变得如此急切是没有理由的。或许可以看作是她真实性情的流露吧。但在她的一再盘问之下，岛村倒好像给她触碰到什么要害之处似的。今天早晨，在映着山雪的镜中看到驹子时，岛村无疑想起了那位黄昏时映在玻璃车窗上的姑娘。那时，他为什么没把这事告诉驹子呢？

“有病人也没关系，我的房间里没人来。”说着，驹子走进了低矮的石墙里。

右边是积雪覆盖的田地，左边沿着邻居家的墙壁栽了一排柿子树。屋子跟前好像是个花圃，中间有个小小的莲花池，里面的冰块已被捞到了池边，锦鲤在水中游动着。与柿子树的树干一样，房子也有些年头了，屋顶上积雪斑驳，木板已经朽烂，屋檐也高低不平。

走进门，感觉阴森森的。岛村还什么也看不清，就被驹子带着爬上了楼梯。那是名副其实的木梯，上面也是名副其实的阁楼。

“原本这是间蚕房，你看了会惊讶吧。”

“这种梯子，你喝醉酒回来，居然不会掉下来。”

“会掉下来的。不过那时我就会钻进楼下的暖笼里，多半就此睡着了。”驹子把手伸进暖笼摸了摸，然后站起来取火去了。

岛村环视了这间奇特的房间。只在南面开了一扇透亮的矮窗，拉窗的细木格上新糊上了纸，阳光照在上面显得很明亮。墙上也精心地糊上了和纸，让人有一种置身于旧纸盒中的感觉。但屋顶裸露着，朝着窗户直接倾斜下去，仿佛笼罩着一股幽暗的寂寞。不知墙的另一面是什么样的，如此一想，便觉得这间房间好似悬在半空，不大牢靠的样子。墙壁和榻榻米虽然陈旧，却十分干净。

岛村想象着驹子像蚕一样住在这里，身体也是透明的。

暖笼上盖着像雪裤一样的条纹棉被。衣柜虽然陈旧，却是用漂亮的直纹桐木做的，或许是驹子住在东京时的纪念品。梳妆台看上去很差劲，与衣柜颇不相称。红漆的针线盒显出奢华的光泽。墙上钉有几层木板，像是书架，外面挂着纯毛帘子。

昨晚陪酒穿的衣服挂在墙上，红色的衬里裸露在外。

驹子手拿火铲，轻巧地爬上梯子，说：

“是从病人的屋里取来的，不过人们说火是干净的。”她俯下刚梳好的发髻，拨弄着火盆里的炭灰。她说病人得的是肠结核，是回到家乡等死的。

说是家乡，但少爷并不是出生在这儿，这儿是他母亲的故乡。母亲原先在一个港口小镇当艺妓，后来成了教授日本舞蹈的师傅，在那儿住了下来。师傅不到五十岁便中了风，回到温泉村来养病。少爷从小喜欢摆弄机械，进了钟表店学习手艺，一个人留在了港口小镇上。不久他又去了东京，像是在那里上夜校。或许是积劳成疾吧，今年才二十六岁。

驹子一口气讲了那么多，但一句也未提及陪少爷回来的姑娘是什么人，驹子为何住在这户人家家里。

然而，在这悬在半空中的房间里，驹子的这些话向四面发散着，传荡开来。岛村有些坐不住了。

刚要出门口，岛村瞥见一个发白的东西，回头一看，原来是一只桐木做的三弦琴盒，似乎比实物来得更大更长。驹子竟会扛着它去饭局应酬，让人难以置信。这时候，有人拉开了熏黑的纸槅门。

“驹姐，可以从这上面跨过去吗？”

话音清澈，美得不胜悲凉，像是不知从哪里传来的回声。

岛村记得这声音，那是叶子在夜间列车上把身子探出窗外，招呼雪中站长的声音。

“没关系的。”驹子刚回答，穿着雪裤的叶子便轻盈地跨过三弦琴盒。她手上拎着一只玻璃夜壶。

从昨天晚上同站长说话时那熟悉的语气，从她身上所穿的雪裤来看，叶子显然是本地的姑娘。漂亮的腰带半露在雪裤上，把雪裤上黄黑相间的粗条纹衬托得格外鲜明，毛料和服的长袖也越发艳丽了。雪裤膝盖的上方开了口子，略显臃肿，但裤子的面料坚硬挺括，看上去挺舒服。

叶子眼光锐利地朝岛村瞟了一眼，默默地走过了屋内的脱鞋处。

岛村走到屋外。叶子的目光依然在他的眼前燃烧着，却又像远处的灯火那样冰冷。岛村或许是想起了昨夜留下的印象：他望着叶子映在车窗上的面庞，山野的灯火从她的脸庞上流过，与她的眼睛重合，微微地闪着光亮。岛村觉得那真是难以言喻的美，心灵都为之震颤。想到这一切，他又回想起驹子浮现在镜中白雪之上的绯红的脸颊。

于是，岛村加快了脚步。虽然他的脚又胖又白，但因为他喜欢爬山，一面看着山景一面走路，脚步不知不觉就加快了。他往往会突然陷入茫然若失的境界。这时，他便无法相信那映着黄昏景致和晨雪的镜子是人工制作的。那是自然的产物，来自一个遥远的世界。

连他刚刚离开的那个房间，仿佛也成了遥远的世界。

这种感觉，连他自己都觉得惊异。上了山坡，见到一位盲人按摩女走来，岛村好像抓到了救命稻草。

“按摩的，能帮我按摩一下吗？”

“哦，现在该是几点了？”她把竹手杖夹在腋下，右手从腰带里掏出一个带盖子的怀表，左手的指尖触摸着表盘。

“过两点三十五分了。三点半我得到车站去，不过，稍迟一点也不碍事。”

“难为你能够知晓表上的时间。”

“是呀，我把表盘的玻璃拆掉了。”

“用手一摸就能知道表上的数字吗？”

“倒是不知道……”说着，按摩女又掏出那块对女人而言偏大的银怀表，揭开表盖，用手指按给岛村看，说这儿是十二点，这儿是六点，中间是三点。

“然后再推算出时间，不能说分毫不差，但也错不了两分钟。”

“哦，你走山道不会滑倒吗？”

“天若下雨，女儿会来接我。晚上就为村里人按摩，不用再爬坡上这儿来了。旅馆的女佣却开玩笑说，是我老伴儿不放我出来。真受不了！”

“孩子长大了吗？”

“是的。大女儿已经十三岁了。”她说着进了房间。她默默地按摩了一阵子，歪头倾听远处酒席上传来的三弦声。

“这是谁在弹奏呢？”

“听着三弦的声音，你能分辨出是谁在弹吗？”

“有的听得出，有的听不出。老爷，您的家境相当可以呀，身子骨这么柔软。”

“还没有发硬吧？”

“发硬？脖子上的肌肉有点儿硬。胖得正合适。您不喝酒吧？”

“你竟能猜到。”

“我所认识的客人中，有三位的体型正好与您的差不多。”

“这种体型太一般了。”

“说句实话，要是不喝酒，还真的没什么乐趣。喝酒的话，能把什么都忘掉。”

“你丈夫喝酒吗？”

“喝呀，简直拿他没法子。”

“这是谁弹的，这么差劲？”

“可不是嘛！”

“你也会弹吧？”

“是的。从九岁学到二十岁。成家以后，有十五年没弹了。”

岛村寻思，这盲人看上去比实际年龄要小。

“小时候就学，基本功扎实呀。”

“现在的手只能用来按摩了，耳朵还好，可以听听。这样听艺妓们弹奏，有时心中不免着急，觉得弹得就跟自己当年的水平似的。”她又侧耳听了一下说，“可能是井筒家的文子姑娘。弹得最好的和最差的，最容易听出来。”

“有弹得好的吗？”

“有个叫驹子的姑娘，年纪很轻，近来弹得不错。”

“嗯？”

“您认识她吗？要说弹得好嘛，不过是在我们这个山村里说说的。”

“不，我不认识。不过，昨晚师傅的儿子回来，我们坐的倒是同一趟车。”

“哟，是病好了回家的吗？”

“看样子不是。”

“是吗？那少爷在东京病了很久，今年夏天，驹子姑娘就只好去当艺妓了，听说给医院寄了钱，也不知是什么缘故。”

“你是说那位驹子吗？”

“说来话长，虽说是订了婚，应该尽力而为，可是这日子长了，就不好说了……”

“你说他们订了婚，真有那么回事吗？”

“嗯，听说是订了婚，我不大清楚，别人都那么说。”

在温泉旅馆，听按摩女讲艺妓的身世是极为平常的，但这次反使人感到意外。驹子为了未婚夫当艺妓，本来也是极为平常的，岛村却感到难以理解。也许是因为与他的道德观念是冲突的吧。

他很想再打听一番，但按摩女却缄口不言了。

驹子是少爷的未婚妻，叶子是他的新情人，而少爷又将不久于人世。岛村的脑海中又浮现出“徒劳”这两个字来。驹子维护未婚妻的约定也罢，卖身让未婚夫养病也罢，这一切如果不是徒劳，又是什么呢？

要是再遇到驹子，就劈头盖脸地给她一句，你这“完全是徒劳”。这么想着，他反而感到驹子是多么纯粹率真的存在。

在这种虚伪的麻木中，让人嗅到了不顾羞耻铤而走险的味道。岛村久久吟味着。按摩女离去后，他依然躺在那里，直到心底产生了一阵寒意。这时，他才发现窗户一直敞开着。

山谷中天暗得早，已是暮色降临，寒气逼人。幽暗微明之中，夕阳的余晖照着山头的积雪，远处的群山似乎一下子也变得近多了。

群山因远近高低不同，一条条皱襞间的阴影也各不相同。不久，阴影也越来越黑了。等到山峰上只留下一抹淡淡的残照时，巅峰的积雪之上，天空已是一片晚霞。

村里的河岸、滑雪场、神社各处的杉树林，黑黝黝的，越发分明。

正当岛村陷入空虚、烦闷之际，驹子就像带着温暖和光明走进屋来。

旅馆在开会商量接待滑雪旅客的事情。驹子是被叫来在会后的酒席上陪酒的。她一坐进暖笼，便用手摸着岛村的脸颊。

“你今晚的脸好白，真怪。”

她捏着他柔软的脸颊，仿佛要揉破似的。

“你真是个傻瓜！”

她好像有点儿醉了。等到宴会散席，她进来就说：

“不管，我不管了！头痛，啊，好难受啊。难受！”她瘫倒在梳妆台前，一脸的醉意，简直有点可笑。

“我要喝水，给我水！”

她双手捂着脸，也顾不上会压坏发髻便躺了下去。不一会儿，她又坐起来，用雪花膏擦掉脂粉，露出绯红的面颊。驹子快乐地笑个不停。她很快就酒醒了，真是有趣。她像是感到了冷，肩膀颤动着。

接着，她平和地说，由于神经衰弱，她整个八月都闲着，什么也没干。

“我真担心自己会发神经病。总是想啊想的，就是想不通。究竟有什么可想不通的？连自己也莫名其妙。这真可怕呀。一点儿也睡不着，只有去饭局应酬时稍微精神些。我做过各式各样的梦，饭也吃不下。总是拿着针在榻榻米上扎来扎去，还是在酷热的大白天里呢。”

“你是几月去当艺妓的？”

“六月。要不然，我现在也许已经到滨松去了。”

“结婚吗？”

驹子点了点头。她说，滨松那个人老追着她，要她嫁给他，可是驹子根本不喜欢他，始终拿不定主意。

“既然不喜欢，又有什么好犹豫的？”

“哪有那么简单啊。”

“结婚，就那么有吸引力吗？”

“真讨厌！也不是那样。我这个人，非得把身边所有的事都搞定才行。”

“嗯。”

“你这个人，真是太随便了。”

“你和滨松那个人之间，是否已经有点什么了？”

“要是有点什么，我也不至于拿不定主意。”驹子说得干脆，“不过他说过，只要我在这儿，就不让我同别人结婚，要想方设法从中作梗。”

“他在滨松那么远的地方，你又何必把他放在心上？”

驹子沉默了一阵，一动不动地躺着，觉得身上暖洋洋的。忽然，她又若无其事地说道：

“我还以为自己怀孕了呢。呵呵，现在想来真是好笑。呵呵呵。”她抿着嘴笑了，蜷起身体，像个小孩子一样，双手抓住岛村的衣领。

两道浓密的睫毛合上了，看上去就像半开半闭的黑眸子。

第二天早晨，岛村睁开眼，见驹子已经把一条胳膊支在火盆边上，在旧杂志的背面涂写着什么。

“唉，我回不去了呢。刚才女佣来送火，真丢脸，吓了我一跳，太阳都照在纸槅门上了。昨晚我大概喝醉了，迷迷糊糊地睡着了。”

“几点了？”

“都八点了。”

“去洗澡吧？”岛村也起来了。

“不去。走廊上会遇到人的。”

等岛村洗完澡回来时，她已变成一个温顺本分的女子了。她用手巾巧妙地包着头，正在勤快地打扫房间。

她神经质地把桌子腿和火盆边都仔细擦了一遍，拨灰弄火的动作也相当麻利。

岛村把脚伸进暖笼，躺下抽烟。烟灰掉落，驹子便用手绢轻轻擦净，又递来一个烟灰缸。岛村爽朗地笑起来，驹子也笑了。

“你要是成了家，你丈夫准得成天挨你骂。”

“我不是一点也没骂你吗？平时，我连要洗的衣物也要叠得整整齐齐的。人家老笑话我，但这是生就的脾性啊。”

“人们常说，只要一看衣柜里的东西，就知道女人的脾性了。”

屋子里满是阳光，温暖宜人。驹子边吃早饭边说：

“真是个好天气。早点回家练琴该有多好。这样的好天，连琴声都会不一样的。”

驹子仰望着澄澈见底的晴空。

积雪如同乳白色的轻烟，笼罩着远处的山岭。

岛村想起按摩女的话，就说她可以在这儿练琴。驹子马上起身挂电话，让家里把替换的衣服和三弦的曲本拿来。

昨天去过的那户人家竟然会有电话？想到这一点，岛村的脑海里不禁又浮现出叶子的双眼。

“是那一位姑娘给送来吗？”

“也许是吧。”

“听说你同那位少爷订了婚，是吗？”

“哟。你是什么时候听说的？”

“昨天。”

“你这个人可真怪，听说就听说了呗。昨天为什么不说呢？”但这一次不像昨天，驹子只是清纯地微笑着。

“除非看不起你，否则说不出口。”

“言不由衷。东京人就会撒谎，讨厌！”

“你瞧，我刚开口，你就打岔。”

“我可没打岔。那你就当真了吗？”

“当真了。”

“你又在胡说，明明就不信。”

“当然，我是有点儿不理解。可是，人家说你是为了给未婚夫治病才去当艺妓的。”

“真讨厌。说得就像新派戏剧似的。订婚之类的全是无稽之谈。或许不少人都会那么认为。我并不是为了什么人才去当艺妓的，只不过是做自己该做的事而已。”

“你净跟我在打哑谜。”

“跟你说白了，师傅也许那么想过，我和少爷成婚也不错。她心里那么想，可嘴上从未提过。少爷和我多少也猜到了师傅的心思，不过，我们俩之间并没有怎么样。就是这样。”

“你俩算得上是青梅竹马吧？”

“就算是吧。不过，我俩不是在一起长大的。我被卖到东京的时候，是他来送我。在我最早的日记里，就记有那件事。”

“要是你们俩都在港口小镇上住，说不定现在已经成家了。”

“我想不会的吧。”

“是吗？”

“少为别人操心了，反正他也活不久了。”

“那你在外面过夜总不大好吧。”

“你可别说这种话！我爱怎样就怎样，人都快死了，哪里管得着呢。”

岛村无言以对。

可是，驹子仍然没有提及叶子，这又是为什么呢？

再说叶子，她在火车上像个小母亲似的忘我地照料少爷，把他送回家来。现在又要一大早给不知是少爷什么人的驹子送替换的衣服，她究竟是怎么想的呢？

岛村又像平时一样陷入了没有边际的沉思。

“驹姐，驹姐！”这时，外面传来叶子轻声而又清澈优美的呼唤。

“来啦，让你受累了。”驹子起身走到隔壁三铺席大的小房间里，“叶子，是你来啦？哟，你全拿来啦？挺沉的。”

叶子好像什么也没说就回去了。

驹子用手指挑断第三根弦，换上新弦，调了调音。在这过程中，岛村就已听出她的琴艺精湛。打开暖笼上胀鼓鼓的包袱一看，除了普通的曲谱外，还有二十多本杵家弥七[1]的《文化三弦谱》。岛村感到意外，拿起其中一本问道：

“你用这曲谱练琴？”

“是的，这儿又没有师傅，没法子呀。”

“家里不是有师傅吗？”

“她中风了。”

“中风了，也可以口授吧。”

“话都不能说了。左手还能动，可以指导一下舞蹈，弹三弦就没办法了，她听了只会心烦。”

“曲谱你能看得懂吗？”

“都能懂。”

“要是外行人倒也罢了，一个艺妓能在偏远的山村里发奋苦练，曲谱店老板知道了也会高兴的吧！”

“陪酒时主要学的是跳舞，在东京学的也是舞蹈。三弦只是学了一点，忘了也找不到人指点，只能靠曲谱了。”

---

1　杵家弥七（1890—1942），日本长歌三弦演奏家。

“歌曲呢？”

“歌曲嘛，练舞蹈时记得的，勉强过得去。新曲子是在广播，或是在什么地方听会的，好坏就不知道了。自己随意唱的，听上去准是怪怪的。在熟人面前张不开口，要是生人，倒是可以放声唱唱。”她有点儿腼腆。接着，仿佛等人点歌似的，她摆出姿势，注视着岛村。

岛村突然为之一惊。

他生长在东京的商业区，从小受到歌舞伎和日本舞蹈的熏陶，自然记住了一些长歌的词句，那也是听会的，自己并没有特意去学习。说到长歌，他会想到演出的舞台，而不是艺妓的酒宴。

“真讨厌，你这个客人，叫人紧张极了。”驹子轻轻地咬住下唇，将三弦抱到膝上，顿时像换了个人似的，正经地打开曲谱。

“这是今年秋天照着曲谱练的。”

弹奏的是《劝进帐》[1]。

忽然间，岛村感到一股凉意，从脸上到腹部，好似起了鸡皮疙瘩。在岛村那片空灵的脑海中，响彻起三弦的琴

---

1 也可译成《化缘簿》。日本歌舞伎十八番之一，由能乐《安宅》改编而成。描写逃亡奥州的源义经主仆通过安宅关的情景。天保十一年（1840）由七代市川团十郎（弁庆）首演。

音。与其说是惊艳，毋宁说是被征服了。他被虔诚的意念打动，被悔恨的思绪洗净了。他觉得浑身无力，任凭驹子拨动的琴弦张力冲击着，让身体惬意在其中浮沉。

一个只有十九、二十岁的乡下艺妓弹奏的三弦，按理不会太高明，不过是在酒宴上弹弹唱唱罢了，但此刻听来，竟像是舞台上的演出一般。岛村思忖：此刻的感受不过是自己山居生活的伤感而已。驹子时而故意照本宣科，时而说这儿节奏太慢，太麻烦，跳过了一节。但渐渐地，她像着了魔一般，声音越来越高亢，琴音也越来越激越。岛村倒是有点害怕了，就装模作样地躺了下去，用胳膊枕垫着自己的脑袋。

《劝进帐》一曲终了，岛村才松了口气，心想：啊，这个女人居然迷恋上了我，也真是可怜呀。

“这样的好天，连琴声都会不一样的。”仰望着雪后的晴天，驹子说过这话。这其实是因为空气有所不同。这里既没有剧场的墙壁，也没有观众，更没有都市的尘嚣，琴音能澄澈地穿过纯净的冬日清晨，直接响彻至积雪的群山。

她虽然并不自知，但平时习惯于以山谷这样的大自然为对象，孤独地练琴，已经自然而然地练就有力的拨弦。她的孤独压倒了她的哀愁，蕴含着野性的意志。她固然有几分基础，但仅靠曲谱练习复杂的曲目，要想不看曲谱而弹拨自如，如果没有顽强的意志和经年的努力是做不到的。

驹子的这种生活，在岛村看来是一种虚无的徒劳，但又哀怜她这种遥不可及的憧憬。然而于驹子而言，这种生活是有价值的，它正通过凛然的琴声洋溢出来。

岛村难以领会驹子精巧的弹拨手法，却能体味到曲调中的感情。如此一来，岛村倒成了她最好的知音。

弹到第三首曲子《蛎鹬》时，或许是曲调本身的柔软缠绵，岛村的鸡皮疙瘩之感消失了，只觉得一片温情与平和。他凝视着驹子的面庞，由衷地感受到一种肉体上的亲密之感。

细巧笔挺的鼻子的确单薄些，可脸颊却鲜艳红嫩，仿佛在悄声低语：我在这儿呢！她那美丽柔滑的双唇，小小缩拢之时润泽有光；大大张开唱歌之时，又好像会立刻缩拢，可爱极了，与她的体态有着一样的魅力。两道略微下垂的眉毛下方，眼睛仿佛特意描成一条直线，既不往上吊也不往下垂，湿润润地闪着光，又带着几分稚气。她不施脂粉的肌肤，经过城市接待业的陶冶与山野的浸染，恰似剥去了外皮的洋葱或百合一样鲜美细嫩，连脖子上都微微泛红，显得十分洁净。

她端正地坐在那里，一副平时少见的少女风范。

最后，她说再弹一首最近在练习的《浦岛新曲》，便看着曲谱弹奏起来。弹完后，她默默地把拨子夹在琴弦下，身子也放松了。

突然，她流露出一种媚惑人的风情。

岛村不知该说些什么，驹子也不在乎他怎么评论，只是一副纯粹快活的样子。

“只听声音，你能分辨出是谁在弹三弦吗？”

“当然啦，这里总共也不到二十个人嘛。特别是弹‘都都逸[1]’情歌小调，最能体现个人的风格。”

驹子说着又捡起三弦，挪了挪弯曲着的右腿，把琴身搁在腿肚子上。她向左扭扭腰，身子稍向右倾，望着三弦琴，说：“小时候是这么学习的。”

“黑——发——的……”她一边学着孩子的声调唱着，一边铿锵地拨动琴弦。

“你最早学的是《黑发》[2]吗？”

“不是的……”驹子像孩子那样摇晃着脑袋。

---

1 都都逸是日本俗曲的一种，为娱乐性三味线歌曲，具有七、七、七、五调26字的固定格律。日本天保末期（约1840年）江户的都都逸坊扇歌曲集曲调之大成。

2 日本乐曲名。有地方特色的歌谣，为日本三味线音乐的一种。

那以后，驹子即使留下过夜，也不再坚持赶在天亮前回去了。

旅馆里有个三岁的小女孩，常在走廊里远远地嚷嚷：“驹姑娘——”她把尾音翘得老高。有时驹子把她抱到暖笼里，一门心思地逗她玩，将近正午时再领她去洗澡。

洗完澡，她一面给女孩梳头，一面说：

“这孩子一见到艺妓，就挑高尾音喊‘驹姑娘’。照片也好，画纸也罢，只要有梳着日本发髻的，她都叫‘驹姑娘’。我喜欢小孩子，所以她认我。小君，到驹姑娘家去玩，好吗？”驹子说着站起身来到走廊上，又在一把藤椅上悠然地坐下。

“东京人性子急，已经开始滑上雪了。”

这个房间坐落在高处，朝南看得见山脚下的滑雪场。

岛村坐在暖笼里回头望去，山坡上的积雪已是斑斑驳驳，五六个身穿黑色滑雪服的人在山脚下的田地里滑着雪。一层层的梯田露在积雪之上，又没什么斜坡，也没多大趣味。

“看上去像是些学生吧。今天是星期天吗？那么滑有什么趣味呢？”

“不过姿势倒还不错。”驹子自言自语，“他们说，要是艺妓在滑雪场上跟人打招呼，客人会惊叫起来：‘哦，是你吗?’人认不出来，因为滑雪人晒黑了，晚上又总是化着妆。”

“也要穿上滑雪服吗?”

“穿着雪裤。呀，真讨厌，讨厌！马上就到这个季节了，每到这时，酒宴一结束，就说明天滑雪场上见！今年真不想去滑了。回头见。小君，我们走吧。今天晚上会下雪。下雪前的夜晚特别冷。”

驹子走后，岛村坐在她坐过的藤椅上，看见她牵着小君的手，正在滑雪场尽头处的山坡上往家里走。

天上聚起了云彩，有的山被遮挡了，有的还沐浴着阳光。两者重叠交错，时刻变幻着光影，一片凄清的景象。不久，滑雪场也被阴云笼罩了。他俯瞰窗下，只见枯菊围成的篱笆上挂着一条条霜柱。屋顶的积雪融化后，沿着落水管滴落下来，不断地发出声响。

那天夜里没下雪，飘了一阵雪粒后下起了雨。

离开前的那一晚，月光明亮，寒气凛冽。岛村又把驹子叫来。将近十一点钟时，她说要外出散步，怎么劝说也没用。她硬是把岛村拽出暖笼，陪她外出。

路面已结了冰。村子静静地沉睡在酷寒之中。驹子撩起下摆，掖进腰带里。月亮澄澈地浮现出来，像是一把蓝冰里的利刃。

“我们去车站吧。”

“神经病！来回要八里路呢。”

“你不是要回东京去了吗？我想去车站看看。”

岛村从肩膀到双腿全都冻僵了。

回到房间，驹子一下子落寞了，两只手深深地插进暖笼里，一反往常，连澡都不去洗了。

暖笼上盖着的被子原封不动，上面还罩着一层盖被，垫被靠脚的一头就挨在地炉边。一张睡铺已经铺好，但驹子从旁靠着暖笼取暖，低着头，一动也不动。

“你怎么啦？”

“我要回去了。”

“别胡说！”

“行了，你去睡吧。我只想这样待一会儿。”

“干吗要回去？”

“我不回去了，就在这儿等到天亮。”

“真无聊，别闹别扭嘛。”

“没闹别扭，谁闹别扭啦？”

“那你……”

“嗯，难受。”

“我当是什么事呢，这点事有什么关系。”岛村笑了起来，“我不会把你怎样的。”

“讨厌。”

“再说，你也是胡闹，出去那么乱跑上一通。”

“我要回去了。”

“不回去也没事啊。”

“真难受。我说，你还是回东京去吧。我难受得很。”驹子把脸轻轻地伏在暖笼上。

她所说的“难受”，是对一个旅人陷得太深而感到不安，还是因拼命压抑自己而感到痛楚呢？她对自己的情感已到了这种地步吗？岛村沉默了一会儿。

“你回去吧。”

“其实，我是想明天就回去。”

“哟，为什么回去？”驹子突然醒悟似的抬起头。

“不论待上多久，我也不可能为你做上些什么啊。”

她茫然地望着岛村，突然激动起来。

“这可不好。你这个人，就这点要不得。”她急躁地站起来，一下搂住岛村的脖子，几乎失去了理智。

“你这个人，怎么能说这种话！起来，你给我起来呀！”她快速地说着，自己却先倒下了，像是狂乱得连自己的身体都忘记了。

后来，她睁开了温润的眼睛。

“你明天真的要回去了啊。”驹子平静地说着，捡起掉下的头发。

第二天，岛村决定下午三点离开。正在换衣服时，掌柜悄悄地把驹子叫到走廊。他听到驹子回答说：“好吧，就按十一个小时算。”也许，掌柜觉得十六七个小时显得太长了。

一看账单就知道，早晨五点钟以前回去就算到五点，第二天十二点以前回去就算到十二点，全都是按时间计算的。

驹子在外套上又围上一条白色的围巾，把岛村送到了车站。

为了消磨时间，岛村去买了一点酱菜和菌菇罐头等土特产，结果还剩二十分钟。于是，两人便到站前地势稍高的小广场上散步。岛村眺望周边的景色，心想这群山环抱的地带实在太狭小了。驹子那浓黑的头发在这幽寂的山谷中，更显凄凉。

远处河流的下游，山腰上不知为什么有一处映照着淡淡的阳光。

“我到这里后，积雪化掉了不少啊！”

“可是，只要再下上两天，马上又能积到六尺厚呢。如果连续下上几天，电线杆上的路灯都会被埋进雪中。我要是一边走一边想着你的事，脖子会被电线刮伤的。”

“真能积得那么厚吗？”

“听说，就在前面镇上的一所中学里，一个下大雪的早晨，有学生赤着身子从二楼宿舍的窗口跳进积雪，身体一直沉到雪底，看不见他的身影。他就像游泳那样，在雪里划着手臂。瞧，那儿就有一辆扫雪车。”

“我倒很想那时来看雪，不过正月里，旅馆恐怕人会很多吧？火车会不会遇到雪崩呀？”

“你这人真是好奢侈。一向都这么过日子吗？”驹子望着岛村说，“你怎么不留胡子？”

“嗯，正打算留呢。”说着，他用手抚摸着刚刮过的脸，心想：自己嘴边那道漂亮的皱纹，让他那柔和的面颊刚毅了许多。或许驹子就是喜欢这一点。

“你呀，每次洗去脂粉后，就像脸刚刮过的一样。”

“乌鸦叫得真是难听，那是在哪儿叫呀？真冷啊。”驹子抬头仰望天空，两条胳膊合抱在胸前。

“到候车室去烤烤火吧？”

这时，叶子穿着雪裤，沿着从街道拐向车站的大路慌慌张张地跑过来。

“哎呀，驹姐！行男他……驹姐！”她上气不接下气，像一个逃避恐惧之物的孩子缠住母亲似的，抓住驹子的肩头。“快回去，他不行了，赶紧！”

驹子闭上眼睛，好像在强忍肩头的疼痛，脸色瞬间变白了。没想到，她断然地摇了摇头。

“我在送客人，不能回去！”

岛村吃了一惊。

“送什么呀，不必了！”

“那不行，我怎么知道你下次还来不来。”

“来的，还会来的！”

叶子好像没听见似的，着急地说：

“刚才打电话到旅馆，说你在车站，我就跑来了。行男在叫你呢！”她伸手去拉驹子。驹子一动不动，突然甩开叶子的手。

“我不去！”

这时驹子反而向后踉跄了两三步。她感到恶心，有点儿想吐，又什么也未吐出来。她的眼圈湿了，脸上起了鸡皮疙瘩。

叶子愣住了，呆呆地凝视着驹子。她的神情认真极了，看不出是愤怒、惊异还是悲哀。仿佛戴上了一副假面具，毫无表情。

她就这样转过脸，冷不防地抓住岛村的手。

“对不起，请叫她回去吧，让她回去吧！”她只顾用尖尖的嗓门儿央求着。

“好，我叫她回去。”岛村大声应道，“你快回去吧，傻瓜！”

“要你多嘴！”驹子冲着岛村说，同时伸手将叶子从岛村身边推开了。

岛村的手刚才被叶子抓得紧，手指都发麻了，但他仍指着站前的汽车说：“我马上叫那辆车送她回去。你先走好吗？在这儿，有那么多人都看着哪。”

叶子点头同意了。

“请快一点，快一点！”说完，她转身就跑，速度快得令人难以置信。目送着她远去的背影，岛村的心中掠过此刻不该有的疑虑：为什么那姑娘总是一副严肃认真的样子呢？

叶子那美得令人悲凉的声音，像是某处雪山上传来的回声，依旧萦绕在岛村的耳边。

“你要去哪儿？”驹子见岛村去找汽车司机，一把拽住他说，“我是不会回去的！”

刹那间，岛村对驹子产生了某种生理上的厌恶。

“我不知道你们三人之间究竟有什么情况，但那位少爷也许马上就要死了。他想见你一面，才让人来叫你的。你乖乖地回去吧，否则会后悔一辈子的！我们这样说话的时候，他如果断了气该怎么办？不要再固执了，过去的事就不要计较了。”

“不是的，你误会了。”

“你被卖到东京时，不是只有他一个人给你送行的吗？你最早的一本日记，一开始不就记着这件事吗？他临终时，你怎么能不去见他？在他生命的最后一页上，你应该把自己写进去！”

“不，我不愿意去看一个人的死。”

这话听上去既像是薄情，又像充满着相当炽热的爱。岛村听得迷惑了。

“日记已经记不下了，我要把它烧掉！”驹子在喃喃自语，不知怎的，脸颊又红了。“你这人可真老实。既然这样，我把日记全送给你吧。你可别笑话我哟。我觉得你是个老实人。”

岛村莫名地感动了。是啊，的确没有人像自己这么老实。于是，他不再勉强驹子回去，驹子也沉默不语了。

旅馆派驻车站的掌柜出来，告知开始检票了。

只有四五个穿着冬装的本地人默默地上下车。

“我不进站了。再见！”驹子站在候车室的窗边，玻璃窗关得严严实实的。从火车上望去，她恰似偏僻乡村的水果店里一只奇异的水果，被人遗忘在熏得黑乎乎的玻璃柜中。

火车开动了，候车室的窗玻璃瞬间便闪着光，驹子的脸庞在亮光里闪现，又快速地消失了。她绯红的面颊，同那天早晨在雪镜里的一模一样。对岛村而言，这也是与现实告别时的色彩。

火车从北面爬上县境上的大山，钻进长长的隧道。这时，冬季下午惨淡的阳光仿佛被吸入了地底的黑暗深处。接着，这辆老式火车好像在隧道里脱去了明亮的外壳，再次从层峦叠嶂之间驶下暮色沉沉的山谷。山的这一边还没有下雪。

火车沿着河流行驶不久，便来到了旷野。山顶仿佛是被雕琢过一般，颇有风情。从那里有一条美丽的斜线延展至遥远的山脚。月光普照山头。旷野的尽头只见这一景致：淡淡的晚霞将远山浸染成清晰的深蓝色。月亮并不洁白，也没有冬夜那种清寒的感觉。空中没有一只鸟雀。山下的旷野一览无余地向左右伸展，一直到了河边。一幢白色的建筑矗立在那里，大概是水力发电厂。在萧瑟的冬日，这是残留在窗外最后的黄昏景象。

由于开了暖气，车窗蒙上了一层水汽。窗外流动的原野愈益黯淡，车内的乘客映在玻璃窗上的身影，也似处于半透明的状态。这是那垂暮景色的镜中游戏的再现。与东海道线上的火车相比，这列火车像是来自另一国度，只挂着三四节陈旧褪色的车厢，电灯也很昏暗。

岛村仿佛待在非现实的世界之中，没有了时间和距离的概念，陷入了一种茫然若失的状态，任由列车徒劳地运载而去。车轮发出单调的声响，像是女人的喃喃细语。

这些细语简短而破碎，却是女人全力生活的象征，岛村听了感到心酸难受，难以忘怀。对渐渐远去的岛村而言，她的话语已成为遥远的回响，只是为他徒增一丝旅途上的哀愁而已。

这时候，行男也许已经咽气了吧？驹子为什么坚持不在临终之际回去看他最后一眼呢？

车上的乘客少得惊人。

只有一个五十多岁的男子与一个面色红润的姑娘。两人相对而坐，一直在不停地聊天。姑娘的气色红润似火，丰满的肩膀上披着黑色的围巾。她向前倾着身子，专心地听男子讲话，愉悦地应对着。两人好像是长途旅行的乘客。

可是，列车到达造丝工厂烟囱矗立的车站时，男子却匆忙地从行李架上取下柳条包，把它从窗口放到月台上。

"好吧，有缘再见吧。"与姑娘道别后，他就下车离去了。

忽然，岛村几乎要落下泪来，连他自己也感到惊愕。于是，也就格外加重了幽会归来后的离愁。

他怎么也不会想到，那两人只是偶然同车的陌生人。

男子大概是个行商之类的人吧。

在东京临出家门的时候，妻子关照他，现在正是飞蛾产卵的季节，不要把西服往衣架和墙上一挂了事。到达这儿后，果然看到旅馆屋檐下悬挂的灯笼上停着六七只玉米色的大飞蛾。隔壁三铺席大的小房间里，衣架上也有一只个小肚大的飞蛾。

窗户上依然装有夏季防虫的纱窗。一只飞蛾像是粘在了纱窗上，一动不动。它伸出一对小羽毛似的桧皮色的触角，翅膀是透明的浅绿色，有女人的手指那么长。窗外，县境上连绵的群山沐浴着夕阳，已染上了秋色，这一点点的浅绿色反而给人以死一般的感觉。前翅与后翼重合的部分，显得特别绿。秋风一起，那翅膀就像薄纸一样轻轻掀动着。

不知它们是不是活的，岛村起身隔着纱窗用手指弹了弹，飞蛾没有动。他用拳头用力敲打，它才像树叶那样飘然下落，落至半当中，竟又轻巧地飞走了。

仔细望去，窗外的杉树林前，有数不清的蜻蜓飞舞着，恰似蒲公英的白絮在飘摇。

山脚下的河流，就像是从杉树梢上流下来的。

半山腰上盛开着颇像胡枝子的白花，银光闪闪。岛村不知厌倦地眺望了很久。

从旅馆的浴池出来，见到一个俄国女人坐在大门口摆摊售货。岛村暗忖，怎么会跑到这种乡下来了。他过去看了看，卖的都是些常见的日本化妆品和发饰之类的东西。

女人四十岁出头，满脸都是细小的皱纹，脏兮兮的，但露在外面的脖子倒是白白胖胖。

“你是从哪儿来的？”岛村问。

“从哪儿来的？我，是从哪儿来的？”俄国女人不知怎么回答。她一边收拾货摊，一边思考着。

她的裙子像是一块脏布裹在身上，已无西装的模样，兴许她在日本已生活了很久。她背起一个大包袱走了。不过，脚上穿的仍是一双西式皮鞋。

旅馆的老板娘与岛村一起在门口目送着俄国女人离去，然后邀请他进了账房。在炉边，一位高大丰腴的女人背朝外坐着。她拎着衣服下摆站了起来，身上穿着的是印有家徽的黑色礼服。

岛村还记得她。在滑雪场张贴的广告照片上，他曾见过她和驹子并排站立，穿着陪酒时的和服，套着雪裤，踩着滑雪板。一个体态丰满、仪表大方的中年女人。

旅馆老板把火筷子架在地炉上，烤着椭圆形的大馒头。

“来一个怎么样？是人家送的喜庆馒头，尝尝看。”

“刚才那一位已经洗手不干了吗？”

“是啊。”

“不错的艺妓。”

“年限到了，是来辞别的。以前挺红的。”

岛村吹着热馒头，咬了一口，皮很硬，有一股陈腐味，带点酸。

窗外，夕阳照在熟透了的红柿子上，那光亮一直投射到悬于地炉吊钩的竹筒上。

“长那么高，是狗尾草吧？”岛村望着山坡，惊讶地问道。路上有一位背着草的老女人，那草竟比她高两倍，而且穗子也很长。

“不，那是茅草。”

“茅草？是茅草吗？”

“铁道省在这儿举办温泉展览会时，造了一间不知是休息室还是茶室的屋子，顶上铺的就是茅草。听说后来有一个东京人，把那间茶室整个儿买走了。”

“是茅草啊。”岛村又一次自言自语地说，“山上开的是茅草花啊，我还以为是胡枝子花呢。”

岛村刚走下火车，最先映入眼帘的就是山上的白花。在靠近山顶的那段陡坡上，这些花开了好大一片，闪着银光，仿佛秋日的阳光洒满了山坡。岛村当时受到了感染，不由得一惊，还以为是胡枝子花呢。

然而，从近处看，茅草又粗又长，与远望令人伤感的白花截然不同。它们把背着大捆茅草的女人完全遮住了，在山路两旁的石崖上发出沙沙的声响，草穗也显得相当硕大。

岛村回到了房间。在亮着十烛灯泡的幽暗房间里，那只个小肚大的飞蛾已经把卵产在黑漆的衣架上，正在上面爬行。屋檐下的飞蛾，吧嗒吧嗒地撞击着装饰灯。

秋虫从白天开始便唧唧鸣叫了。

不久，驹子来了。

她站在走廊上，直直地凝视着岛村。

“你来做什么？到这种地方来做什么？”

“来看你。”

“言不由衷。东京人真会撒谎，讨厌！”驹子跪坐下来，用温柔低沉的声音说道，“我可不愿意再为你送行了，说不出是什么滋味。”

“好吧，那这次我就悄悄地走。”

“那可不行！我是说，不送你去车站了。”

“他后来怎么啦？”

“当然死了。”

“是你来送我的时候吗？”

“两回事。我没想到送别会让人那么难受。”

“嗯。”

“二月十四日那天，你是怎么回事？净骗人，害我等了好久。今后你无论说什么，我也不相信了。”

二月十四日是驱鸟祭，是雪国儿童一年一度的节日。十天前，村里的孩子们就会穿上草鞋，踩实积雪，再切成两尺见方的雪砖，一块一块地垒起雪堂。雪堂是四方形的，六七尺宽，一丈来高。十四日夜里，孩子们把家家户户驱邪用的草绳收集起来，堆在雪堂跟前，然后点起熊熊篝火。这个村子是二月一日过年，家家门上的避邪草绳尚未去除。孩子们爬到雪堂屋顶，你推我挤，唱着驱鸟歌，而后再进入雪堂，点上灯守夜。十五日清早，他们又爬上雪堂屋顶，再次高唱驱鸟歌。

那时的积雪最深，岛村曾与驹子相约要过来观看驱鸟祭。

“二月里我回老家去了，连生意也停了。因为觉得你一定会来，所以十四日那天前赶了回来。早知道这样，我不如多护理几天病人。”

“谁病了？”

“师傅去港口后患上了肺炎。我那时正在老家，收到电报就赶去护理了。”

“好了吗？”

“没有。”

“是我不好。”岛村像是在为自己的失约而道歉，又像是在哀悼师傅的死。

“没事。”驹子突然温柔地摇了摇头，拿手帕掸了掸桌子，说，“好多小虫子啊。”

从小矮桌到榻榻米落满了小飞虫。有几只小小的飞蛾绕着电灯来回飞舞。

纱窗外也落着不知有多少种的飞蛾，在澄澈的月光下，浮现出斑斑黑影。

“胃痛，胃好痛呀。”驹子双手用力插进腰带，伏在岛村的膝上。

她那从后衣领袒露出的扑有白粉的颈项上，很快就落下不少比蚊子还小的飞虫。有的很快就死了，不再动弹。

她的脖子比去年粗了一点，显得更丰腴了。岛村思忖：已经有二十一岁了。

他感到膝头有些温热、潮湿。

“账房里的人笑嘻嘻地说：‘驹姑娘，你快去茶花厅瞧瞧吧。’我还有点不高兴呢。刚送完大姐上火车回来，想着好好睡上一觉，就听说是旅馆打来了电话。我累得够呛，真不想来。昨晚为大姐饯行喝多了。可账房里的人只是偷着乐。原来是你！有一年了吧？你是一年来一次吗？”

“那送别会上的馒头我也吃过。”

“是吗？”驹子直起身，在岛村膝盖上压过的脸颊红了一块，瞬间显出了几分稚气。

她说，她把那位中年艺妓一直送到下下一站才回来。

“真没意思。以前大家做什么事都很齐心，可现在越来越自私了，都只顾着自己。这儿的变化也很大呢，脾性不合的人越来越多。菊勇姐这一走，我就很孤单了。原本什么都听她的，生意上也数她最红，从没少过六百炷香[1]的，东家拿她当宝呢！”

岛村问道：“听说菊勇满了年限，要回老家去。她是去结婚，还是继续干这一行呢？”

“大姐那人说起来也可怜。原先嫁过人，过不下去了才到这里来的。”她有点儿吞吞吐吐，犹豫了一阵才望着月光下的梯田说，“看到那半山腰上有幢新盖的房子了吧？”

“是那家叫作菊村的小饭店吧？”

“是的。大姐本来要嫁到那家店里去的，没想到她自己变了心，把好事吹掉了。这事闹了好一阵子。人家特意为她盖了房子，临要住进去时，却把他给踹了。她另有了

---

1 艺妓陪酒以一炷香为单位计算。

相好的人，打算和他结婚，结果被人骗了。人一旦着了迷，就会变成那样吗？那个人逃走了，她也没脸跟原先那位破镜重圆，要回那家店。继续留在这地方又太丢人，只好到别处去谋生。想来，她也够可怜的。我们知道不多，但据说她有过不少人。”

“男人？有五个吗？”

“也许有吧。”驹子抿嘴一笑，忽然扭过头去说，“大姐是个软弱的人，太软弱了。”

“那也没法子呀。”

“可不是嘛。被人喜欢，又能怎样？”她低下头，用簪子搔着头皮，“今天去送行，心里难受极了。”

“那特地盖好的饭店呢？”

“那人的太太来经营了。”

“他太太来管？真是有趣。”

“原本什么都准备齐全了，只等着开张。不这么办，又能怎么办？他太太带着孩子全搬过来了。”

“那家里呢？”

“听说只留下一位婆婆。男的是个乡下人，却特好此道，倒是个挺有趣的人。”

“一个放荡子啊。年龄不小了吧？”

“还年轻呢，才三十二三吧。”

“是吗？那么说，小老婆反而比太太年长呢。”

“是同年，都二十七岁。”

“‘菊村’大概就是取菊勇的菊字吧？太太愿意继续用吗？”

“招牌都挂出去了，想必也不便再改了。”

岛村拢了拢领口。驹子就起身去关了窗户。

“大姐也知道你的事，今天还对我说你来了。”

“我在账房看见她来辞行了。”

“说了些什么吗？”

“没说什么。”

“你明白我的心情吗？”驹子把刚刚关上的窗户又一下子打开了，重重地坐在窗台上。

隔了一阵子，岛村才说道：“这里的星光与东京的不同，仿佛是浮在夜空中的。”

“因为有月亮，要不然也不这样。今年的雪好大。”

“听说火车也经常不通？”

“是啊，太吓人了。汽车也比往年晚了一个月，到今年五月才通行。滑雪场上不是有个小卖部吗？雪崩时，二楼的屋顶都给压塌了，楼下的人还浑然不知，听到声音不对劲，还以为是厨房里的老鼠呢。跑到厨房看，不是；上到二楼，才发现到处是雪，防雨套窗什么的全给风雪卷走了。

虽然只是表面的一层雪崩，广播里却大肆报道，吓得来滑雪的人都不敢来了。今年我也不想滑雪了，去年年底把滑雪板送人了。不过，我还是去滑了两三次，你看看我有什么变化吗？”

“师傅死了之后，你过得如何？”

“少管别人的闲事吧。二月里，我可是按时来这儿等着你的。”

“既然回到港口，来信告诉我一声不就可以了吗？”

“才不！我才不干这种可怜兮兮的事。让你太太看见了也无所谓的信，我干吗去写呢？那样我太可怜了！因为有所顾忌而瞎说一气，何必呢！”

驹子的语速很快，猛烈地反驳道。岛村点了点头。

“你别坐在虫子堆里，把灯关掉就好了。”

月光明亮，照得她的耳朵轮廓也清晰可见。月光射进屋内深处，榻榻米泛出了蓝色，显得冷冰冰的。

驹子的嘴唇柔滑细腻，像是水蛭的轮环一样美丽。

“不行，让我回去。”

“又来了。”岛村向后仰着头，仔细地看着她颧骨稍高而又有点滑稽的小圆脸。

“人们都说，我还是十七岁刚到这儿时的模样，一点儿也没变。不过，生活也一直是一点也没变啊。”

她仍然像北国少女那样，脸颊红通通的。月光照在她那带有艺妓风情的肌肤上，发出贝壳一般的光泽。

“不过，我换地方了，你知道吗？”

“因为师傅死了？你已经不住在那间小蚕房里了吧？现在的住房应该是像样的艺妓住处了吧？”

“像样的住处？是啊。是家杂货店，卖些点心与香烟，店里只有我一个艺妓。这一回是受雇于人了。到了深夜，看书就得自己点蜡烛。”

岛村抱着胳膊笑了。

“那家装了电表，不好意思浪费电。”

“原来如此。”

“可是，那家人待我不错。有时我甚至会想，这还是帮人打工吗？小孩子哭了，老板娘怕吵到我，就把孩子背出去。我没有什么不满的地方。就是床铺不够平整，不是很喜欢。每次晚归，他们便会将床给我铺好。不是褥子铺得不齐整，就是被单搞得皱巴巴的。看到那样子，心里就难受，可又不好意思重新铺，怕辜负了人家的好意。”

“你要是成了家，一定很辛苦。”

“大家都这么说。这是天生的脾性啊。家里有四个孩子，东西到处乱扔。我跟在后面整天收拾个没完，明明知道收拾好又会被弄乱，但心里老惦记着，放不开手。只要情况允许，我总想过得干净、舒服些。”

“这倒也是。”

“你明白我的心情吗?”

“当然明白。”

“既然明白，那你就说说看。说吧，你倒是说呀。”驹子突然激动起来，逼着他说。

“你看，说不出来了吧?净撒谎!你生活那么优裕，什么都不在意，怎么会明白我的心情呢?”

接着，她又低声说：

“真叫人伤心。我太傻了。你明天就回去吧!”

“你这样逼问，叫人怎么说得清呢?”

“有什么说不清的?你就是这点要不得。”说着，她无奈地闭上眼睛，沉默了。那神态，仿佛知道岛村会理解自己似的。

“一年来一次就行，至少我在这儿的时候，你可以每年来一次吗?”

她说自己受雇的期限是四年。

“回老家时，绝不会想到还会出来营生，连滑雪板都送人了。要说成功之处，就是把烟戒了。”

“对了，以前你抽得可厉害了。”

“是啊。陪酒的时候，常把客人给的香烟放在衣袖里，回去一看，有时会有好几支呢！”

“不过，四年有点长啊。”

“一转眼就会过去的。”

“好暖和啊。”趁着驹子靠拢过来，岛村抱住了她。

“暖和也是天生的。”

“早晚天已经冷了吧？”

“我到这里有五年了。刚来时，一想到要在这样的地方久住，心里就发怵。特别是火车开通之前，这里冷清极了。自你第一次来这儿，三年过去了。”

岛村想，在不到三年之中来了三次，每次驹子的境遇都有一些变化。

有几只纺织娘冷不防地叫了起来。

“真讨厌。”驹子从他的膝盖上站了起来。

一阵北风刮来，纱窗上的蛾子齐齐飞了起来。

岛村已经知晓，那看似半睁着的黑眸，其实是合上的浓密的睫毛，可他仍然凑上前去仔细观看。

“戒了烟，人显胖了。”

她腹部的脂肪，的确厚了一些。

原本分离后难以捉摸的东西，经这么一看便恢复了往日的亲密。

驹子把手轻轻地放在胸脯上。

“一边的变大了。”

“傻瓜，是那人的习惯吧？只摸一边。”

“哎哟，真讨厌！别胡说，你讨厌死了。”驹子忽然变了脸。岛村想起来，这才是她。

“下次叫他两边匀着点来。”

“匀着点？叫他匀着点吗？”驹子温柔地把脸凑了过来。

房间在二楼，听得见癞蛤蟆在旅馆周边叫唤。不是一只，好像有两三只在跳着，长时间地叫唤着。

从旅馆的浴池回来后，驹子平静地说起了自己的身世。

她甚至讲起初次接受体检的时候，以为自己与当雏妓时一样，可衣服只脱了上半身就被人取笑了，为此还哭了。对于岛村的问题，她也全都回答了。

“我那个相当准，每个月都提前两天。”

“陪酒时不会遇到什么不方便吧？”

“嗯。怎么连这事你也懂？”

每天都到著名的温泉泡澡，陪酒应酬时还要在新旧温泉之间步行七八里路，加上很少熬夜的山居生活，使她的身体变得结实起来，但体态仍如艺妓那般，腰身纤细。正面看窄小，侧面看则很厚实。她之所以能够把岛村远远地吸引过来，自有其惹人爱怜的地方。

“像我这种人就不能生育孩子吗？”驹子认真地提问。

她的意思是，一直只与一个人交往，不就与夫妇是一回事嘛。

岛村还是头一回听说，驹子身边有这样的人。她说，从十七岁至今，跟他已经有五年的关系了。岛村这才明白驹子这么无知而又无畏的缘由。他以前就觉得很疑惑。

在当雏妓的时候，为她赎身的人去世了。后来她回到了港口，与那个人发生了关系。或许是这个缘故，驹子一开始就讨厌他，至今也无法亲近。

“能够保持五年关系，那人也算是不错了。”

“我有过两次可以与他分手的机会，一次是来这儿当艺妓的时候，一次是从师傅家搬到这一家的时候。不过我这人心太软，真的，心太软了。”

驹子说，现在那个人住在港口，若把她留在镇子上有所不便，所以趁着师傅回这个村子时，便把她托付给了师傅。他为人热忱，驹子却不愿托付终身，说来也怪可悲的。由于年龄相差太大，他只是偶尔来这儿一次。

“怎么才能和他断了关系呢？我常常想好好放荡一下。真的，我这么想过。”

“放荡可不好。”

“要放荡，我也做不到。天性如此。我对自己的身体还是相当爱惜的。只要自己想干，四年的期限，可以缩短成两年，可我不愿勉强。身体要紧。要是拼命硬干，那是能赚不少钱。我们是照期限算的，只要不让东家吃亏就行。所借的本金每月多少，利息多少，税金多少，再加上自己的伙食费，一算就能明白。在此之外就不用勉强自己多干了。有的应酬太麻烦，不愿意就干脆拒绝回家。除非是熟客点名，不然旅馆也不会夜里很晚再打电话过来。要说奢侈，那是没有止境的。我就随便挣一点，能对付就可以了。我借的本钱，已经还掉一半以上了。还不到一年呢。但即便这样，一个月的零花钱，加上别的开销，也得三十元哪。”

驹子说，一个月只要赚上一百元就够了。上个月，做得最少的人也有三百炷香，合六十元。驹子外出陪酒的次数最多，有九十几次。每一次应酬，自己可得一炷香，东家虽说吃了点亏，但她赶场的次数多啊。至于因债务增多而延长年限的人，这个温泉村子里一个也没有。

第二天清晨，驹子依然起得很早。

“我梦见与插花师傅一起打扫这间屋子，一下子就醒来了。”

梳妆台搬到了窗口，镜子里映出了满山红叶。秋天的阳光在镜中明亮地闪耀着。

糖果店的女孩帮驹子送来了替换的衣服。

隔着纸槅门叫喊“驹姐”的，已不是那位声音清澈得不胜悲凉的叶子姑娘。

“那姑娘后来怎样了？”

驹子瞟了岛村一眼。

“老是去上坟。你瞧，滑雪场的下面是不是有一块荞麦田？正开着白花呢。那块地的左面有一座坟，看见了没有？”

驹子回去后，岛村就到村子里去散步了。

一个小姑娘穿着崭新的红色法兰绒雪裤，在屋檐下的白墙边拍球。一派秋季的景象。

房屋大多古色古香，像是封建诸侯出巡的年代留下的。屋檐很深。楼上的纸窗户只有一尺来高，呈细长状。屋檐边挂着茅草编织的帘子。

山坡上围着一道丝芒草篱笆。丝芒正开着浅黄色的小花。一片片细叶舒展开来，像是美丽的喷泉。

有人在路旁向阳的地方铺下席子，在拍打红豆。正是叶子。

一粒粒红色的小豆子，从干豆荚中蹦跳出来，亮晶晶的。

也许是头上包着手巾，叶子没有看见岛村。她穿着雪裤，叉开双腿，一边拍打红豆，一边唱着歌。她的声音清澈得不胜悲凉，像是回声似的。

蝴蝶、蜻蜓、蟋蟀哟，
正在山上鸣唱，
金琵琶、金铃子，还有那纺织娘。

有一首歌谣唱道：晚风吹拂，好大的乌鸦啊，飞离了杉树林。从窗口往下望，今天依然有成群的蜻蜓在杉树林前面盘旋。临近黄昏，它们好像飞得更匆忙、更迅疾了。

出发前，岛村在车站的小卖店里买了一本新发行的有关这一带的登山指南。他快速地翻阅起来，见上面写着：从旅馆的房间可以眺望县境上的群山，其中一座的山顶附近，有一条小径穿过美丽的池沼。沼泽地上各种高山植物都开着花，到了夏季，红蜻蜓悠然地飞舞，它们会停留在你的帽子上、手上，甚至眼镜框上。它们与城里遭人追逐的蜻蜓相比，有天壤之别。

不过，眼前的蜻蜓仿佛在被什么东西追赶着似的，急匆匆地飞舞着。它们或许是想在天黑之前逃离，免得被杉树林的幽暗吞没吧。

夕阳残照着远山，将峰顶往下的红叶浸透了，红叶显得越发鲜明。

“人类真是脆弱啊。听说有人从高处摔下来，跌得粉碎。如果是熊，从再高的山岩上摔下来，也不会伤着哪儿。”岛村想起今天早晨驹子所说的话。当时，她一面用手指着那座山，一面说攀岩处又有人遇难了。

倘若人也能像熊那样，长着一身又硬又厚的皮毛，人的官能肯定是另外的模样了。但人类却喜爱彼此柔滑细嫩的肌肤。岛村望着夕阳沐浴下的群山，不由得独自伤感起来，对人的肌肤滋生出一丝眷恋之情。

“蝴蝶、蜻蜓、蟋蟀哟……”一个艺妓在提前用餐的晚饭时间，弹着蹩脚的三弦，唱着这首歌。

登山指南上只是简明地写着登山路线、日程、住宿点和费用等事项，反倒使岛村可以自由地遐想。他最初结识驹子的时候，残雪之中已萌发新绿。他在山谷中漫游，然后来到这个温泉村。现在又到了秋季登山的时节，他凝望着处处留有自己足迹的山岭，又不由得心向往之。他终日无所事事，在闲散之中偏要辛苦地跑去登山，那不是典型的徒劳又是什么？然而，也正因如此，登山才能显出非现实的魅力。

离别后，他会时时想念驹子，但来到她的近旁，不知是因为心中安然，还是过分亲近了她的肉体，对人肌肤的渴念与对山岭的向往，又感觉像是梦境一般。或许这也是驹子昨晚刚在这里过夜的缘故。寂静中，他独自一人坐着，心里盼望着驹子能不请自来。有一群徒步旅行的女学生，发出年轻活泼的嬉闹声。听着听着，岛村便睡意蒙眬，早早躺下睡了。

不久，外面好像下了一阵秋雨。

第二天早晨醒来，见驹子已端正地坐在桌前看书。她身穿一套平纹粗绸的便服。

“醒了吗？”她轻轻问道，转过来看着岛村。

“怎么回事？”

“你醒了吗？”

岛村怀疑她是在自己睡着后来过的夜，便看了看床铺。他拿起枕边的表，一看才六点半。

“这么早啊。”

“可是，女佣早就进来添过火了。”

铁壶里冒着热气，已是清晨的景象。

“起来吧！”驹子起身坐到岛村的枕边，像是一位居家女子。

岛村伸了伸懒腰，顺势握住驹子搁在膝盖上的手，摸着她小指上弹三弦长出的老茧。

“还困着呢，天不是才亮吗？”

“一个人睡得好吗？”

“嗯。”

“你到底还是没留上胡子。”

“对了，上次临别时，你提起过这事，要我蓄胡子来着。”

“忘了就算了。你倒总是把胡子刮得干净，青乎乎的。”

“你一洗掉脂粉，不也像刚刮过脸一样吗？”

“你的脸好像又胖了一些，白白净净的。睡着的时候，看上去有点儿别扭。好圆的脸。”

“柔和还不好吗？”

“靠不住呢！”

“真讨厌，老盯着我干吗？”

“是啊。”驹子微笑着点点头，忽然又忍不住笑了。不知不觉间，她握紧了他的小手指。

“刚才，我躲进了壁橱里，女佣完全没有发现。”

“什么时候？你什么时候躲进去的？”

“就刚才呀！女佣来添火的时候。”

她想到这一点又笑个没完。忽然间，她脸红了，一直红到了耳根。为了掩饰，她掀起被子一角扇着。

“起来吧，你起来呀！”

“好冷。”岛村抱住了棉被，“旅馆的人都起来了吗？”

“不知道。我是从后面上来的。”

"从后面?"

"从杉树林那边爬上来的。"

"那儿有路吗?"

"没有，但是很近。"

岛村惊讶地望着驹子。

"谁都不知道我来。厨房里已有动静，可大门还关着呢。"

"你还是起得这么早啊。"

"昨夜没有睡着。"

"下了阵雨，你知道吗?"

"是吗?难怪那儿的大叶竹湿漉漉的。原来是这么回事。我要回去了。你可以再睡上一觉，再见。"

"我也要起来了。"岛村握住她的手，一用劲便钻出了被窝。他来到窗口，朝下望着驹子爬上来的地方。只见丛生的灌木尽头，大叶竹茂盛地生长着。与杉树林相接的山腰上，有一块耕地恰好在窗户下面，上面种着萝卜、番薯、大葱和芋艿之类的家常菜。朝阳照在它们上面，叶子显出不同的颜色，宛如初次见到一样。

去往浴室的走廊上，掌柜正在喂泉水池里的红锦鲤。

"天冷了，它们不好好吃食了!"掌柜对岛村说。岛村看了一会儿浮在水面上的鱼饵，那是把蚕蛹晒干后捣碎做成的。

驹子坐在那儿，一身洁净，对洗澡回来的岛村说：

“在这样清静的地方，做做针线活儿多好啊。”

房间刚刚打扫过，秋日的朝阳一直照进了里面略显陈旧的榻榻米上。

“你还会做针线活儿？”

“真是太失礼了。姊妹中，数我最辛苦。回想起来，我刚长大的时候，家里是最困难的。”她好像是在自言自语，忽然又放开嗓门儿说，“刚才女佣用奇怪的神色看着我问：‘驹姑娘，你是什么时候来的？’我又没法三番两次地躲进壁橱，真是尴尬。我要回去了，忙得很哪。因为没睡好，就想着洗洗头。要不早点儿洗，等头发干了再去梳头，只怕赶不上中午的饭局了。今天这儿也有宴会，昨晚才告诉我。可是我已经答应了别处，就来不了了。今天是周六，太忙了，不能再来玩了。”

嘴上这么说着，可是她没有站起身的意思。

结果，她又不打算洗头了，拉着岛村来到了后院。走廊下面摆着一双湿木屐和布袜子，她刚才大概就是从那儿偷偷进来的吧。

看来她先前爬过的那片大叶竹无法过去了，他们便沿着田地朝着有水声的地方下去。河岸是一道峭壁。栗子树上传来了孩子的声音。脚下的草丛里落有几颗栗子。驹子用木屐踩碎外壳，剥出栗仁。里面的栗仁还很小。

对岸陡峭的山腰上，茅草的穗子正开着花，迎风摇摆，闪耀着炫目的银光。虽说是炫目的银光，却也像飘忽在秋季天空中透明的幻境。

“我们到那儿去看看吧，或许能看到你未婚夫的坟墓呢。”

驹子立即挺直身子，直直地瞪了岛村一眼，突然将一把栗子扔在他的脸上。

“你是在嘲弄我吧?”

岛村躲闪不及，被击中了额头，啪啪作响，好痛。

“跟你有什么关系，要你去看他的坟?”

“何必那样当真呢!”

“对我来说，那可是严肃的事情。和你那种闲得没事过日子的人是不同的。”

“谁闲得没事干啦?”他有气无力地咕哝着。

“那你为什么说未婚夫？上次不是告诉过你，他不是我的未婚夫，难道你就忘了?”

岛村怎么会忘记呢。

“师傅也许那么想过，我和少爷成婚了也不错。她心里那么想，可嘴上从未提过。少爷和我多少也猜到了师傅的心思，不过，我们俩之间并没有怎么样……我俩不是在一起长大的。我被卖到东京去的时候，是他来送我。”

他记得驹子这么说过。

行男病危的时候，她是在岛村这儿过的夜。

“我爱怎样就怎样，人都快死了，哪里管得着呢？”她甚至毫无顾忌地讲过这种话。

在驹子送岛村去车站的时候，叶子来找她，说病人不行了，但驹子坚决不肯回去，结果连他临终都没能见上一面。因为这些事，岛村更是忘不了那个叫行男的人了。

驹子一向避免提及行男。虽然不是未婚夫，但她是为了给他挣钱疗养才当了艺妓的。对她而言，自然是“严肃的事”。

见岛村被栗子打中也没有生气，驹子呆住了，身子顿时一软，扑到了他的怀里。

“唉，你真是个好人。有点儿生气了吧？”

“孩子在树上看着呢。”

“我不明白，东京人真是复杂。周边乱哄哄的，就对什么都不能专注了吗？”

“对什么都不能专注了。”

“你早晚对生命也不会专注的。去看看坟吧。”

“好吧。”

“你看你，去看坟哪有什么诚意啊！”

“是你自己不情愿嘛。”

“我从来没有去过，所以不愿去。这是真的，一次也未去过。现在师傅也葬到一起了，我觉得对不起师傅，但事到如今更不便去了，显得多虚伪啊。”

“你这人才复杂呢！”

“为什么？他活着的时候，你没把自己的想法说清楚，至少对死去的人该有个明白的交代啊。”

杉树林里静谧得仿佛会滴下水珠。走出林子，沿着滑雪场下方的铁道走过去，便来到了墓地。在田埂较高的角落，竖立着十多块墓碑和一尊地藏菩萨，光秃秃的，连花也没有，显得很寒酸。

可是，从地藏菩萨后侧的矮树丛里，忽然露出了叶子的上半身。她的表情瞬间便严肃认真起来，就像戴上了假面具。她的眼光灼热锐利，朝这边直刺而来。岛村向她点头施礼，随即站住不动了。

“叶子，好早呀！我上梳头师傅那儿……”驹子的话音未落，猛地刮来一阵黑风，像要把人吹跑似的。她和岛村都缩紧了身体。

一列载货的火车从身旁轰鸣着驶过。

“姐姐!”震耳欲聋的声浪中传来一声呼叫。一个少年在黑色火车的门边挥动着帽子。

“佐一郎——，佐一郎——”叶子呼喊着。

仍是那个在雪地的信号所前呼喊站长时的声音。那么美，令人感到心碎，仿佛是在呼唤已经远去的、听不见声音的船上之人。

火车驶过以后，恰似摘掉了眼罩，铁道那一边灿烂的荞麦花映入眼帘。红红的荞麦秆上开满了花，显得异常幽静。

他们俩在无意中遇见了叶子，完全没有发现疾驰而来的火车。但火车一过，刚才的尴尬便一扫而去了。

车轮的声音消失了，但叶子的声音仍然在回荡，像是纯洁的爱情发出的回响。

叶子目送着火车远去，说道：

“弟弟在车上，我要去站上看看。”

“可火车是不会在站上等着你的呀。”驹子笑了。

“那也是。”

“我不是来给行男上坟的。”

叶子点了点头，迟疑了一阵便在墓前蹲下来，双手合十。

驹子还是站立着，一动不动。

岛村转眼去看地藏菩萨，石像的三面都雕着狭长的脸，除正面的胸前有合十的双手之外，左面和右面还各有两只手。

“我该去洗头啦！”驹子对叶子说着，就沿着田埂朝村子走去。

农民们在树干之间系上像是晾东西的竹竿和木棍，再挂上稻子晾晒。当地人管它叫“晒屏”——远远看去就像一架高高的稻草屏风。在岛村他们走过的路旁，就有农民在搭这种“晒屏”。

身穿雪裤的姑娘扭着腰身，把一捆稻子扔了上去。站在高处的男子则灵巧地接过来，将它捋齐分开，挂在竹竿上。他的动作熟练而随意，专注地重复着。

驹子掂量着“晒屏”上挂着的稻穗，如同在估量什么贵重物品。

“这稻子长得多饱满，这样摸一摸，就叫人舒服。跟去年的相比，可大不一样。”她眯起眼睛，仿佛在玩味稻子带给她的触感。在她的上空，一群麻雀正低低地穿梭飞行。

路旁，墙上还贴着一张旧的招贴纸，上面写着：“插秧工钱协定：每日九角，连带供饭；女工六折。”

叶子的房前也有“晒屏”。房子建在略低于街道的田地上。在院子的左面，沿着邻居家的白墙，在成排的柿子树上搭起了一个高高的“晒屏”。在田地与院子的交界处，也就是与柿子树的“晒屏”成直角的地方，也搭了一个“晒屏”，晾晒的稻子下方开了个出入口，看上去像是用稻子搭成的草棚。田里，大丽花和蔷薇都已凋零，倒是前面的芋艿长着繁盛的叶子。隔着“晒屏”，已经看不见养着锦鲤的莲池了。

驹子去年住过的那间蚕房，窗户也被遮住了。

叶子好像生气了似的低下头，从稻穗的出入口走了进去。

“她一个人在这儿住吗？”岛村目送着叶子微微前倾的背影说。

“也不是吧。”驹子没好气地说，“唉，真讨厌。不去洗头了。都怪你多嘴，打扰了她上坟。”

“是你不愿在墓地见到她，自己才这么别扭呢！”

“你哪儿知道我的心思。待会儿有空，我再去洗头吧。或许会晚一点，反正我会去你那儿的。”

半夜三点钟。

像是纸槅门要被推倒的声音把岛村惊醒了。驹子一下子扑到他的胸前。

“我说会来就来了。你看，我说来就来了，不是吗？”她喘着粗气，肚子也跟着起伏。

“你醉得太厉害了。”

“你看，我说来就来了。”

“是啊，你是来了。”

“到这儿来的路都看不见了。看不见呀。哼，好难受。”

“你居然还能爬上那个陡坡！”

“管他呢，我才不管呢！”驹子猛然朝后仰去，压得岛村透不过气来。他想起身，但刚才突然被她吵醒，人还迷糊着，脚步不稳，又倒了下去。他脑袋枕上了一个发烫的东西，不由得一惊。

“怎么像一团火似的，真傻！”

“是嘛，那是火枕头，当心烫伤！”

“还真是。”岛村闭上眼睛。那股热量直冲脑门，让他真切地感到自己还活着。驹子剧烈地喘气，一种现实的感受向他传来。那似乎是一种叫人不舍的悔恨，在平静地等待着复仇的到来。

“我说来就来了。”驹子反复地念叨着。

“既然来过了，就可以回去了，洗头去了！”

驹子爬起来，咕嘟咕嘟地喝水。

“你这副样子，怎么回得去啊。”

“我得回去。我有同伴！洗澡的用具都跑哪儿去啦？”

岛村起来开灯，驹子双手捂住脸，伏在榻榻米上。

“别开灯！”

驹子身穿一件漂亮的圆袖毛料夹衣，外加一件黑领睡衣，系着一条窄腰带，看不见内衣的领子。她光着脚，连脚边都渗出了醉意。她蜷缩着身子，好像要把自己隐藏起来，一副可爱的模样。

洗澡用具被她胡乱扔了过来，肥皂和梳子散落一地。

“你帮我剪掉！我带剪子来了。”

“剪什么呀？”

“剪这个呀！”说着，她把手伸进头发的后面，“原本要在家里剪掉头绳的，可是手不听使唤。所以到这儿请你帮忙。”

岛村把她的头发一绺一绺地分开，剪去头绳。每剪一刀，驹子便摇摇头，抖落假发。人也慢慢平静了。

“现在几点了？”

“已经三点了！”

“哟，这么晚啦？你可别把我的真发也剪掉呀！”

“你怎么系了这么多的头绳？”

他握着一绺添加的假发，发根还有点儿温热。

“已经三点啦？陪酒回来后，我就那样倒下睡着了。因为同女伴约好，所以她们才来叫我。她们准在想我跑到哪儿去了。”

“她们在等你吗？”

“进公共浴池呢，有三个人。本来有六处饭局要应付，结果只转了四处。下个星期赏红叶，又得忙了。好了，谢谢你。”驹子梳着披散的头发，抬起头笑了。

“管他呢，呵呵，真好笑!”

接着，她又无奈地捡起假发。

“让她们等久了不好意思，我该走了。回来时，我就不过来了。”

“看得清路吗?”

“看得清。”

但她还是踩到了衣服下摆，踉跄了一下。

早晨七点和半夜三点，她一天两次在这种异常的时间里抽空看他。岛村深感这事很不一般。

像新年时挂上松枝那样，旅馆的掌柜们正用枫枝装饰大门，用来欢迎赏红叶的来客。

在那儿颐指气使地发布命令的，是一个临时雇来的掌柜。他自嘲是一只“候鸟”。有些人从新绿的初春到满山红叶的深秋，来这一带的山间温泉讨生活，冬天则跑到热海、长冈一带的伊豆温泉谋生，他就是这一类人。每一年不限于在同一家旅馆里干。他一方面卖弄在繁华的伊豆温泉得来的经验，一方面又在讲这一带旅馆不会待客。他搓手哈腰地招揽客人，总让人觉得像一个没有诚意的乞丐。

“先生，您识得通草果吗？您想尝尝，我来帮您摘。”他冲着散步回来的岛村说，还把带有通草果的藤蔓系在枫枝上。

枫枝大概是从山上砍下来的，有屋檐那么高。大门被这红通通的色调映衬得异常明亮，而且每片枫叶都大得出奇。

岛村握着冰冷的通草果，不经意间朝账房看了一眼，见叶子正坐在炉边。

老板娘正守着铜壶温酒。叶子面对着她，每当老板娘说什么，就点头称是。她没穿雪裤，也没加和服外褂，只穿了一件刚刚浆洗过的丝绸和服。

“她是来帮忙的？”岛村若无其事地问掌柜。

“是啊。多亏她来。人手不够呀。”

“和你一样吧？”

“嗯。不过嘛，乡下的姑娘，古怪得很。”

叶子像是在厨房里帮忙，从不到客厅来。客人多的时候，厨房里的女佣便会大声嚷嚷，但从来没听见她那美妙的声音。负责岛村这间房的女佣说，叶子睡觉前总喜欢在浴池里唱歌。可岛村从没有听过。

然而，一想到叶子也在这儿，不知怎的，岛村对叫来驹子就有了顾虑。尽管驹子向他示过爱，但岛村却认为那只是一种美好的徒劳而已。他感到空虚，却又觉得自己触到了女人赤裸的肌肤，真切地感受到了驹子试图求生的生命力。他既可怜驹子，也哀怜自己。他觉得叶子的双眼洞察了这一切，因此被她深深地吸引了。

即使岛村不叫，驹子也总会来找他的。

有一次，岛村去溪谷深处看红叶，经过驹子家的门前。她听到汽车声，断定是岛村，就跑到了外面，而岛村却连头也没有回，导致事后被驹子斥为薄情的人。但只要应召来到旅馆，驹子是一定会去岛村房间的。她去洗澡时，也会顺道过来。要是有饭局，便会提早一个小时来，一直到女佣来催促，她才离开。陪酒时，她也常常溜到这里，对着梳妆台补妆匀脸。

“干活儿去了，去赚钱啊！走吧，赚钱，赚钱！”

说着，她起身走了。

回去的时候，她总喜欢把装琴拨子的口袋、和服的外褂，还有其他带来的东西，都留在岛村的房间里。

“昨夜回去，没有开水，就在厨房里胡乱地把早晨吃剩的酱汤浇在冷饭上，就着梅子干吃的。太凉了！今天早晨也没人叫我，醒来一看，已经是十点半了。本想七点起来到你这儿，结果也没成。”

她把这一类的杂事，还有从哪家旅馆到哪家旅馆陪酒应酬的情形，都一一说给岛村听。

“待会儿再来。”她喝完水站起来说，“也许来不了啦。三十位客人，就我们仨，忙得脱不开身啊。”

可是，过了一会儿，她又来了。

“真叫人受不了。他们三十个人，我们才三个。而且她们是最老的和最小的，真苦了我。这伙客人真小气，准是什么旅行团带来的。三十个人的话，至少得叫上六个人吧。我去喝点酒，吓吓他们。”

每天都是这般光景，这样下去会有什么结局呢？驹子似乎也在竭力掩饰自己的心情，但她身上这种孤独的模样，反倒为她增添了某种娇媚的风情。

“走在走廊上会发出声响，真叫人不好意思。哪怕脚步放得再轻，也能听见。经过厨房时，他们就拿我打趣：‘驹姑娘是去茶花厅吧？’我没想到，自己也会在乎这样的事。”

“这小地方就是多事。”

“现在人家都知道了。”

“那可要不得。”

“是啊。要是名声不好，在这样的小地方也就完了。”她马上又仰起脸，微笑着说，“算了，别管他。我们这种人，到哪儿都能有事做。”

她说得天真又坦诚，让仰仗着先人遗产饱食终日的岛村大感意外。

“真的啊。在哪儿还不是挣钱糊口，没什么可想不开的。”

她虽然说得那么无所谓，但岛村仍能听出她的心声。

“不想了。只有女人才能真心爱一个人啊。”驹子微微红了脸，低下了头。

她的后衣领敞开着，露出的肩背像一把白色的扇子。抹着厚厚白粉的肌肉有点可悲地隆起，看上去既像毛纺织物，又像是动物。

“如今这世道啊……”岛村嘀咕着，忽然意识到这言语的空洞，打了个寒战。

可驹子却单纯地回答：

“什么世道还不都一样嘛！”

她抬起头，又愣愣地补上一句：

“你连这都不懂吗？”

她衬衣的红色里子贴住了背脊，看不见了。

岛村现在正在翻译瓦莱里[1]、阿兰[2]以及俄国舞蹈鼎盛时

---

1 瓦莱里（Paul Valéry，1871—1945），法国诗人、批评家、思想家。为象征主义增添最后光彩的大诗人，20 世纪前半叶最博学的人之一。

2 阿兰（Alain，1868—1951），法国哲学家、伦理学家。原名埃米尔–奥古斯特·沙尔捷。

期法国文人们的舞蹈论，他还打算自费出版少量的豪华版。这种书籍对于今天的日本舞蹈界有什么用呢？不过是聊以自慰罢了。拿自己的工作来嘲弄自己，或许也算得上是一种自得其乐吧。岛村可怜的梦幻世界，也许就是从这里幻化出来的。因此，他也就无须这么急匆匆地跑出来旅行了。

他仔细地观察了昆虫闷死的惨状。

随着秋季愈益寒冷，房间榻榻米上每天都有不少死去的虫子。翅膀坚硬的虫子，一翻身就再也起不来了。而蜜蜂则跌跌爬爬一会儿才倒下。像是季节推移一般，它们的死也是自然的、安静的。而走到近处一看，它们的细脚和触须还在挣扎、抽搐着。他那八铺席大的房间，作为这些小小虫子的死亡场所，实在是太宽敞了。

岛村捡起虫子的尸体准备扔掉时，忽然想起留在家中的几个孩子。

有的蛾子一直停留在纱窗上，其实已经死了。也有的蛾子，如枯叶一般掉落下来。岛村拾起来一看，想着它们怎么长得这样好看。

防虫的纱窗已被拆除，虫子的声响寂然不闻了。

县境上的群山呈现出了铁红锈色，在夕阳的照射之下，好似冰凉的矿石，发出暗淡的光彩。旅馆里挤满了前来观赏红叶的游客。

“今天大概来不了。当地人要举办宴会。”驹子说。那天晚上，她离开岛村的房间不多久，大厅里便传来了击鼓声，还夹杂着女人的尖叫声。在一片喧闹之中，意外地传来了一个女人清亮的嗓音。

“对不起，有人吗？”是叶子在呼叫，“这是驹姐叫我送来的。”

叶子站立着，像个邮差似的伸出手，又慌慌张张地伏地一跪。岛村打开折叠的便条时，叶子已经离开了，连个招呼都没来得及打。

“现在正喝酒，正闹得欢。”写在手纸上的字，歪歪扭扭的。

然而，过了不到十分钟，驹子便踉跄地走进屋里。

“刚才那姑娘送东西来了没有？”

“送了。”

“是吗？”她高兴地眯起了一只眼睛。

“啊，真是快活！我称去要酒，悄悄地溜出来了。给掌柜看见了，还挨了顿骂。酒是真好。挨骂也好，被听见脚步声也罢，我全不在乎。哎呀，不妙！一到这儿，一下子就醉了。我马上还得做生意呢。”

“你连手指尖都红得好看呢！”

“走了，做生意去了。那姑娘没说些什么吧？她可会吃醋呢，你知道吗？”

“说谁呀？”

“会被害死的！”

“那姑娘也在帮忙吗？”

“她端着酒壶，就这么站在走廊暗处看着，眼睛发着亮光。你就喜欢那种眼睛吧？”

“她看着准是觉得这样太轻薄了。”

“所以我写了纸条让她送来。我想喝水，给我水喝！你说谁轻薄？女人要是不经挑逗，你是无法了解的。我醉了吗？”说着，她扑倒了下来，抓住梳妆台的双角，对着镜子照了照，然后整好下摆走了出去。

不久，宴会好像结束了，周边似乎忽然沉静下来，远处传来收拾碗盏的声音。岛村以为驹子被客人带到别的旅馆去参加二次会了，不想叶子又送来了驹子的便条。

“山风馆的饭局结束了，先去梅厅，回来时再前往，晚安。”

岛村羞涩地苦笑着说：

“谢谢你。是来帮忙的吗？”

“嗯。”叶子点头时，用那双美丽而尖锐的眼睛瞥了岛村一眼，岛村不免有点儿狼狈。

他之前见过她几次，每一次都给他留下动人的印象。

现在，她这样若无其事地跪坐在面前，倒使岛村有点莫名地局促。她过于严肃的举止，似乎总是处在什么非同寻常的事件之中。

“你好像挺忙的吧？”

“嗯。不过，我好像什么都做不来。”

“我见过你好几次。头一次在回来的列车上，你正在照顾病人。你还把弟弟托付给站长，你还记得吗？”

“记得。”

“听说你睡觉前爱在浴池里唱歌？”

“哟，不像话。真不好意思。”她的声音美得惊人。

“你的事，我好像什么都知道似的。”

“是吗，你是听驹姐说的？”

“她倒没有说什么，好像不愿意提起你的事情。”

“是吗？”她悄悄地扭过脸去说，“驹姐人好，就是太可怜了，请你好好地待她。”

她说得很快，说到末了，声音都有点儿颤抖了。

“不过，我也无能为力呀。”

此时，叶子似乎连身子也在颤抖了。她的脸上闪着危险的光。岛村赶紧挪开目光，笑着说道：

“也许我该早一点回东京。”

“我也要去东京。”

"什么时候?"

"什么时候都行。"

"那么,我回去时带你一起走吧?"

"好的,请你带我一起走吧。"像是随口说说的,但声音里却透着真挚,岛村感到十分惊讶。

"只要你家里人肯答应。"

"我家里只有一个在铁路上供职的弟弟。我自己做主就行。"

"你在东京有熟人吗?"

"没有。"

"和她商量过没有?"

"你是说驹姐吗?她可恨,我才不跟她说呢!"

这样说着,大概是情绪缓和了,她抬起有点湿润的眼睛注视着岛村。岛村感到叶子身上有种奇怪的魅力,却不知何故,他对驹子的爱反而更加炽热了。与一位身世不明的姑娘如同私奔一样地跑回去,这样的做法对驹子既是一种诚挚的悔罪,也是一种惩罚。

"你这样同一个男人走,心里不害怕吗?"

"有什么好怕的?"

"你连在东京的什么地方落脚、想要干些什么都没想好,不是有点冒险吗?"

“一个女孩子家总会有办法的。”叶子说话的尾音上翘，听上去很是悦耳。她凝视着岛村说：

“您不能雇我做女佣吗？”

“什么，做女佣？”

“我也不愿做女佣。”

“以前你在东京是干什么的？”

“护士。”

“是在医院还是在学校里？”

“都不是，只是心里这么想。”

岛村又想起了火车上叶子照料师傅的儿子时的情景，她的神情那么专注，正表现了她的志向。岛村露出了微笑。

“那么这一次也想去学习护理？”

“不想再当女护士了。”

“那样没有长性可不行。”

“什么长性不长性的，我可不喜欢。”叶子反驳似的笑了。

她的笑声清脆响亮，令人觉得悲凉，但听上去一点不显得愚蠢。可是，它只是在岛村的心弦上陡然地敲击了几下便消失了。

“什么事那么好笑？”

“说白了，我只护理过一个病人。”

“嗯？”

“而且，再也做不到了。”

“是吗？”她的回答令人意外，岛村便轻轻地说，“听说你每天都到荞麦田上坟？”

“嗯。”

“你这一辈子不想再去护理别的病人，也不想再为别人上坟了吗？”

“不会了。”

“那么你怎么舍得离开那座坟，跑到东京去呢？”

“哦，真是对不起，您就带我去吧。”

“驹子说，你很会吃醋。那个人不是驹子的未婚夫吗？”

“是说行男吗？瞎说，没有的事。”

“你说驹子可恨，那又是为什么呢？”

“驹姐？”她像是当着驹子的面叫人似的，眼睛亮闪闪地盯着岛村。

“请您好好对待驹姐吧。”

“我也无能为力啊。”

叶子的眼角里涌出泪水，她捏着掉落在地席上的小飞蛾，啜泣着说：

“驹姐说我是会发疯的。”说完，她冷不防地跑出了房间。

岛村感到一缕寒意。

他打开窗户，想把叶子捏死的飞蛾扔出去，却看见驹子喝醉了酒，正欠着身子逼着客人划拳。天色阴沉。岛村去浴池洗澡了。

叶子领着旅馆的孩子，走进了隔壁的女子浴池。

叶子脱下孩子的衣服，给他洗澡，说话极其温柔、甜美，像是一位天真的小母亲。

接着，她用那声音唱起歌来。

……

来到屋后看一看，

梨树有三棵，

杉树有三棵，

一共有六棵。

下做乌鸦巢，

上做麻雀窠，

蟋蟀在林中，

唧唧叫不休。

阿杉去扫朋友墓，

一处一处又一处。

她如孩子一般快速地唱起了这首拍球歌，曲调轻快活泼。这使岛村觉得，刚才相处的叶子就像一场梦。

叶子跟孩子不停地说话，直到走出浴池，她的声音还像笛音一样缭绕不去。秋夜一片静谧，门口黑亮的旧地板上摆着三弦琴的桐木盒子。岛村不知怎的被吸引住了，便去看看是哪个艺妓的。这时，驹子从响着洗碗声的那头走了出来。

“看什么呢？”

“这人也在这儿过夜吗？”

“谁？哦，是这个呀。你这人多傻呀，这玩意儿能随身带着到处走吗？有时候一放就是好几天。”她笑着刚说完，就痛苦地喘着粗气，闭上眼睛。她放下下摆，踉跄地靠在了岛村身上。

“你送送我吧。”

“你又何必要回去呢？”

“不，不，我得回去。当地人的饭局，别人都跟着去参加二次会，只有我一个人留了下来。这儿的饭局倒还算好，等一会儿伙伴们回家约我去洗澡，我要是不在，就太说不过去了。”

驹子已是酩酊大醉了，可还是能稳当地走下陡坡。

“是你把那姑娘弄哭的吧？”

"这么说来，她倒真有点儿疯了。"

"你那样看对方，还觉得挺有趣吧？"

"那不是你说的吗？说她会发疯。大概想起了你的话，她才窝心地哭了。"

"那还好。"

"可是还不到十分钟，她就在浴池里唱起了歌，声音很动听。"

"在浴池里唱歌，是那孩子的习惯。"

"她还一本正经地求我，让我好好待你呢。"

"真傻。不过，这种事，用不着你来向我吹嘘。"

"吹嘘？真奇怪，只要一提起那姑娘，你就会闹脾气。"

"你是想着要她吗？"

"你怎么会说出这种话！"

"不是跟你开玩笑。看见那姑娘，就觉得到头来她总会成为我的累赘。我总有这种感觉。你要是喜欢她，你就好好注意一下，你也会那么认为的。"驹子把手搭在岛村的肩上，依靠过来，却又突然摇了摇头。

"不，若是有你这样的人关照，她或许就不会发疯了。你替我背上这个累赘，好吗？"

"别瞎说了。"

"你以为我是醉后胡说八道吗？你要是将她带在你身边

疼着，我就在这山里放荡下去，那也够痛快的。”

“喂！”

“放开我！”她挣脱开身子逃走了，一头撞在防雨套窗上，那儿已到了她的住处。

“他们以为你不回家了。”

“嗯，门可以开的。”

驹子抬起木门的底部，吱呀作响地拉开门，小声说道：

“进去再坐坐？”

“可已经这么晚了。”

“他们家的人全睡了。”

岛村还是有点儿迟疑。

“那我送你回去。”

“不必了。”

“不行。我现在的房间你还没有见过呢。”

走进后门，只见横七竖八地躺着一家人。棉被是这一带用作雪裤的布料缝制的，已经褪了色，硬邦邦的。昏暗的灯光下，主人夫妇和一个十七八岁的女儿，还有五六个孩子都睡着了，脸朝哪头的都有。贫寒中笼罩着一种强劲的生命力。

屋里有股热烘烘的鼻息，岛村不自觉地就想退出门去，但驹子已经把后门啪嗒一声关上，毫无顾虑地迈着重重的脚步，踏上了地板。岛村只好轻轻地从孩子们的枕边走过，一种奇异的快感颤动在胸前。

“你在这儿等一下，我先上去开灯。”

“不用了。”岛村摸黑爬上楼梯。回头望去，越过一张张朴实的睡脸，可以看到对面出售粗点心的店铺。

楼上有四间房间，铺着陈旧的榻榻米，一副农家的格局。

“我一个人住，大是足够大的了。”驹子说。所有的纸槅门都打开了，一些旧家具全都堆放在里边的房间。熏黑的纸槅门里面，铺着一床小铺盖，墙上挂着陪酒时穿的衣裳，像是狐狸的巢穴。

驹子独自坐在铺盖上，把唯一的坐垫让给了岛村。

“哟，脸好红！”她照着镜子说，“竟然醉成了这样！”

接着，她在衣橱的上方摸索了一阵。

“给你，这是日记。”

“这么多呀。”

她又从一旁拿来一只千代色纸糊的小盒子，里面装满了各种牌子的香烟。

“客人们给的，我就把它们放在袖兜里或掖在腰带里带回来。虽然皱巴巴的，但一点儿也不脏。各种牌子的香烟都有了。”她一只手支在岛村跟前，另一只手翻弄着盒子里的香烟。

“哎呀，没有火柴。我戒烟了，这些烟已经用不着了。”

“行了。你在做针线活儿吗？”

“嗯。来赏红叶的客人太多，忙得没工夫做。”驹子转身，把衣橱前的针线活儿放到一边。

那漂亮的直纹桐木衣橱和朱红色的高档针线盒，大概是驹子在东京生活时的纪念品，如今在这荒败的二楼，显得异常默然，如同放在师傅家那间纸盒子一般的阁楼一样。

电灯吊在一根细绳子上，一直垂到枕边。

“看完书要睡时，一拉这根绳，灯就熄了。”驹子摆弄着灯绳。像是家庭主妇一样，她安静地坐着，带着一丝娇羞。

“真像狐狸嫁女啊。”

“可不是嘛。”

“真的要在这儿住上四年吗？”

“已经过去半年了，也快。”

楼下传来人们的鼻息。一时找不出续聊的话头，岛村便匆忙地站起身。

驹子一边关门，一边探头仰望夜空。

“要下雪了。红叶观赏期也快过了。”她走到了外面，“这一带全是山，不待红叶落尽就会下雪的。”

“那么，你去休息吧。”

“我送送你，送到旅馆门口。”

结果，她还是与岛村一起走进了旅馆。

“晚安！”说完，她就不知跑到哪儿去了。过了一会儿，她端来了两杯满满的冷酒，兴冲冲地来到屋里。

“来，喝一杯！你喝呀。”

“旅馆里的人都睡了，你这是从哪儿弄来的？”

“嗯，我知道它们放在哪儿。”

看样子，驹子从酒桶里倒酒时已经喝过了，又露出先前的醉态，眯起眼睛，瞅着冷酒从杯口往外漫溢。

“不过，摸着黑喝酒，多没味啊。”

岛村接过递来的冷酒，一口干了。

喝这么点酒，本来是不会醉的。或许是刚才在外面走路着了凉的关系，岛村忽然胸中作呕，冲上了头。岛村似乎自己明白脸色已经发青，便闭上眼睛躺下了。驹子赶紧过来服侍。很快，岛村贴着女人温热的身体，像孩子一样安下心来。

驹子羞答答的，像一个尚未生育的少女怀抱着别人的孩子，探头望着他入睡。

过了一会儿，岛村突然冒出一句：

“你是个好姑娘。”

“为什么？好在哪儿？”

“就是个好姑娘嘛。”

“是吗？真讨厌，在说些什么呀？振作一些！”驹子扭过脸，一边摇着他，一边断断续续地数落他。之后，她便沉默了。

接着，她又独自含笑道：

“这样可不好，我很难受，你还是回去吧。替换的衣服没有了。每次到你这儿来，都想换一件陪酒时穿的衣服，可是没有可换的了，现在穿的还是问朋友借来的。我是个坏姑娘吧？”

岛村无言以对。

“是吧，我这种人有什么好？”驹子有些哽咽了，“第一次见到你的时候，我想你这个人多讨厌啊，哪有如此说话不礼貌的人？那时真觉得讨厌。”

岛村点了点头。

“哎呀，我一直没有对你说这话，你懂吗？一个人让女人这么说，他岂不完蛋了？”

“我倒不在乎。”

“是吗？”驹子仿佛在回看自己的过去，静默了许久。她把一个女性温暖鲜活的感觉传给了岛村。

“你是个好女人。”

“怎么个好法？”

“就是个好女人嘛。”

“你真是个怪人。”驹子羞涩地缩起肩膀，捂住了脸。不知想到了什么，她突然支起胳膊，抬起头问，“你是什么意思？告诉我，你是指什么？”

岛村一愣，看着驹子。

“你告诉我呀，你就因为这个才老往这边跑吗？你是在笑话我吧？到底还是在讥笑我。”

驹子涨红了脸，瞪着眼睛责问岛村。她激愤得双肩颤抖，脸色铁青，眼泪扑簌簌地往下掉。

“太憋屈了，啊，太叫人愤懑了！”她钻出被窝，背朝岛村坐下。

岛村这才想到她是误解了自己的话，心里不觉一惊，但他仍然闭着眼睛，没有说什么。

“叫人伤心啊！”驹子喃喃自语，身子缩成一团，趴在榻榻米上。

大概是哭累了，她拿着银簪在榻榻米上扎了半天，又冷不防地站起来出了房间。

岛村没能去追她。被驹子这么一说，他心里十分内疚。

可是，驹子很快又轻轻地走回来了。她站在纸槅门外，用变调的声音叫道：

“哎，去洗澡吗？”

"嗯。"

"对不起，我想通了。"

她躲在走廊上，不肯进来，岛村便拿好毛巾出去了。驹子尽量避开他的目光，略微低着头走在前面，好似一个罪行暴露被带走的罪犯。然而，她洗过澡，身体暖和了后，又嘻嘻哈哈起来，看了叫人心疼，哪里还能睡得着。

第二天早晨，岛村被唱谣曲的声音吵醒了。

他静静地听了一阵子，见驹子从梳妆台前回过头，嫣然一笑说：

"是梅花厅的客人，昨晚宴会后不是叫我去了吗？"

"是谣曲会的团体旅行吧？"

"是的。"

"下雪了吗？"

"是啊。"驹子站起来，拉开了纸槅窗。

"红叶就快落尽了。"

窗外是一隅灰色的天空，大片大片的雪花飘落进屋子。四下里静谧得令人难以置信。岛村睡意未减，茫然地望着窗外。

唱谣曲的又打起了鼓。

岛村想起去年年底那面映着晨雪的镜子，便朝梳妆台那边望去。镜中那冰冷的雪花，显得格外大。驹子敞开衣领在擦脖子，周边闪过丝丝白光。

驹子的肌肤就像刚刚洗过的那样白净。想不到她会因为岛村一句随意的话而这般误解，从中也可以看到她内心有着难以压抑的悲哀。

远山那一天天暗淡下去的红锈色的枫叶，因为遇上这一场初雪，又变得光鲜，富有生气。

山林覆上了一层薄雪，一棵棵杉树格外分明地挺立在雪地上，直直地刺向天空。

雪中纺丝，雪中织布，雪水漂洗，雪地晾晒。从纺丝到织布都在雪中。古人在书上写道：有雪才有绉绸，雪为绉绸之母。

在漫长的积雪季，农妇就是用手工纺织这样的麻绉布。岛村曾在旧衣铺里搜寻过这种雪国产的麻绉布，做了件夏服。经舞蹈方面的朋友介绍，他认识了经营能乐古装的商店，甚至拜托他们，只要有货色好的绉绸，就随时拿给他看。他尤其喜欢这儿的麻绉，还用它做了件贴身穿的衬衣。

据说，从前每到拆下雪帘、积雪消融的春天，麻绉便上市了。收购麻绉的商人，从东京、大阪和京都远道而来，住进经常光顾的旅馆。姑娘们辛苦半年，精心织成麻绉，为的也是赶上这一年最初的集市。远近村庄的男女都聚集于此，加上耍把戏的、卖东西的，就像节日一般热闹。绉布上拴着纸签，写明织布者的姓名、地址，按照麻绉的成色分成一等和二等，这也成了挑选媳妇的基准。纺织得从小学起，不是十五六岁到二十四五岁的年轻姑娘，是绝不可能织出上好的麻绉布来的。年纪大了，织出的麻绉就没了光泽。姑娘们要想成为一流的织女，就不能不狠下功夫，磨炼自己的技艺。再说，从每年的阴历十月开始纺丝，到来年二月中旬晾晒完毕，在这严冬的积雪天里，别无他事可做，只能专注地从事这门手艺。这些织品自然也凝聚着织女们的心血。

岛村身上穿的麻绉中，说不定就有明治初年甚至江户末年的织女们织出来的呢。

直到现在，岛村仍把自己的麻绉布拿出去“雪晒”。把不知以前是何人所穿的旧衣服，每年送到产地去晾晒，虽然很麻烦，但一想到织女们在大雪天所付出的辛劳，还是会想要送往她们的所在地去晾晒。当白麻晾晒在深厚的雪地之上，映照着朝阳，染上一片红色时，简直分不清是雪还是布。想到这一情景时，便会感到夏日的污秽已被洗净，自己的身体也仿佛被晾晒过一样惬意。不过，晾晒一类的事皆由东京的旧衣店代办，至于古代的晾晒法是否流传至今，岛村就不得而知了。

晾晒店是自古就有的。织女们很少在自家又织又晒，一般都送到晾晒店去。白绉绸布织成后，直接铺在雪地上晾晒，带颜色的则在纺纱后先晾在棚架上。因为是从阴历正月晾晒到二月，所以据说有时会把积雪覆盖的水田或旱地当作晾晒场。

不论是布还是纱，都必须在灰水里浸上一夜，第二天早上用清水漂洗过几道，绞干后再晾。如此反复进行多日。白绉绸布即将晾晒完成时，若遇到一轮朝阳沐浴，那红通通的景观实在壮美得难以言喻。古人在书上写道：望暖国民众能一饱眼福。晾晒一事完成后，便预示着雪国之春即将来临。

绉麻产地距离岛村住的温泉村很近，就在山谷渐渐开阔的河川下游的平原上，从房间里也能够隐约望见。从前有麻绉集市的村镇，现在都设了火车站，变成闻名的纺织业地区了。

但是，不论是穿着麻绉的盛夏，还是织麻绉的严冬，岛村都不曾来过这个温泉村，因此也没有与驹子聊起麻绉的机会。再说，他也不是专门探访古代民间工艺传统的那种人士。

不过，听到叶子在浴池里唱歌，岛村会忽然想到，倘若这个姑娘生在古代，她一定也是在纺车和织机旁那么唱的吧。叶子的歌声确实有那种古朴的情调。

比毛发还细的麻纱，要不是借助天然的冰雪回潮，便很难处置，据说在阴冷的季节里做最为合适。古人说，数九寒天里织的布，三伏天里穿更为凉爽，这是合乎自然的阴阳之道。总是缠着岛村的驹子，她的身上也有着一种凉意。所以，每当她热情奔放的时候，岛村总是格外地怜爱。

然而，这种怜爱却不如一块麻绉布，至少麻绉能够以确切的形式保留下来。即便布料是工艺品中寿命最短的，但只要好好保存，哪怕是五十年前的麻绉布，穿在身上也不会褪色。而人的爱情却不及麻绉布来得持久。岛村茫茫然地想到这儿，脑海里冷不防地想起驹子今后为别人生孩子、成为母亲的模样。他大吃一惊，环视四周，这才安下心来。也许是自己太累了吧。

岛村在这儿逗留了很久，似乎都忘记了家中的妻儿。倒不是离不开，或者不想离开，只是等待着驹子常常来相会已成了他的一种习惯。驹子越是这样来得勤快，岛村越是强烈地责备自己，感到自己丧失了生命的活力。也就是说，明明知道自己的寂寞，却又只是滞留在原处。驹子闯入了自己的心灵，这让岛村感到不可思议。她的一切，岛村均能理解，而岛村的一切呢，驹子似乎全无所知。驹子那种像在一堵虚无的墙上碰撞的回声，像雪花飘落在自己的心底。岛村不可能永远由着自己的性情这样维系下去。

他觉得，这次回去后，怕是一时半会儿不会再到这个温泉村来了。雪季即将来临，他蜷缩在火盆旁边。刚才旅馆老板还特地拿来一只京都产的古旧铁壶，水壶上精妙地刻有银丝花鸟图案，发出柔和的沸水声。听起来，这声响有远近两重，在远处的响声之外，仿佛还有一只小铃铛在轻轻地响个不停。岛村把耳朵贴近水壶去聆听。在铃铛声的远处，他忽然看到驹子的一双小脚正迈着铃铛声那样细碎的步子。岛村一惊，下定决心要离开这里。

于是，岛村想到，该去麻绉布产地看看，并打算借机离开这个温泉村。

下游有好几个村镇，岛村不知道该去哪个才好。他不想去看现在纺织业已经发展得很大的城镇，便在一个冷清的小站下了车。走了一阵，他来到了一条古旧的宿驿街。

家家户户的屋檐向外伸展着，支撑檐头的柱子沿着道路竖起了一长排。它类似江户时代的商店店头，而在这个地方，它自古就叫作“雁木[1]”，雪深时供行人往来。路的一侧，房屋鳞次栉比，上方的屋檐也相连着。

---

1 雁木，指日本多雪地区房前的一种深房檐，檐下在冬季可做通道。

由于每家的屋檐相连，屋顶上的积雪只能扫到路当中。实际上，人们纷纷把雪从屋顶扫到路上，已经形成了一道雪堤。过马路必须打通雪堤，开出很多洞。当地把这种通道叫作“胎内钻”。

虽然同处雪国，但驹子所住的温泉村，屋檐是不相连的，岛村在这个村镇还是初次见到“雁木”，觉得很稀奇，就在下面走了一走。古老的屋檐下很暗，倾斜的柱脚已朽烂了。岛村觉得自己好像窥视到了世代埋藏在积雪中的阴森忧郁的人家。

织女们在大雪天里呕心沥血地从事手工劳作，这样的生活可不像她们所织出的麻绉布那么清爽明亮。这古老的村镇给他的印象让他想到了这点。在记载着有关麻绉的古书里面，也曾引用过中国唐朝秦韬玉的诗，据说当时，之所以没人愿意雇织女织布，是因为织一匹麻绉要花费许多时间，在收益上并不划算。

如此辛劳的纺织女工，没留下声名便早早地去世了，唯有美丽的麻绉布留存下来。夏天穿着清凉宜人，成了岛村这类人奢侈的衣物。这原本并不是什么新奇的事，但眼下岛村却觉得不可思议。难道一往情深地追求爱情，都会变成对所爱之人的鞭笞吗？岛村走出“雁木”，来到马路上。

这条古老的宿驿街又直又长，大概一直连到温泉村。木板铺设的屋顶上压着板条和石块，与温泉村没什么两样。

屋檐下的立柱投下淡淡的阴影。不知不觉之中，已近黄昏了。

没有什么可看的了，岛村便又乘上火车，到了另一个村镇。此处的情景与前一个村镇差不多。他随意地逛了逛，吃了一碗面条，以驱走寒气。

面馆开在河边，想必这条河也是从温泉村流过来的。尼姑们正三三两两地从桥上通过。她们都穿着草履，有的背着圆斗笠，一副化缘归来的模样，给人一种乌鸦急急归巢的感觉。

“从这里路过的尼姑真不少呢。”岛村问开面馆的女人。

“是啊。山里有一座尼姑庵。往后下雪了，再出来就难啦。”

桥的那头，已是暮色苍茫，群山发白。

一到叶落风寒的季节，这一带便连日阴沉。这是捂雪的日子。远近的大山一片白茫茫的，这叫“山戴帽”。近海处会有海啸，深山中则有山鸣，远听宛若雷声，这叫“地打雷”。但凡看见“山戴帽”，或者听见“地打雷”，就知道要下大雪了。岛村想起古书上是这么记载的。

岛村早晨躺在床上听到来赏红叶的游客大唱谣曲的那

一天，下了第一场雪。难道今年的海啸和山鸣已经出现了吗？岛村独自一人住在温泉村，不时与驹子相会，听觉奇妙地变敏锐了，只要一想到海啸与山鸣，耳朵内便好像远远地传来了一阵轰响。

“再往后，尼姑们怕是闭门过冬了吧？她们有多少人啊？”

“这个嘛，恐怕有不少吧。”

“那么多尼姑在一起，在这几个月的雪天里，她们干些什么呢？从前这里出产的那种麻绉布，尼姑庵里要是能纺织倒也不错。”

对于好事者岛村的议论，开面馆的女人听了只报以淡淡的一笑。

返程时，岛村在火车站等了差不多两个小时。微弱的夕阳已经西沉，寒气越来越甚，仿佛连星光都冷得分外明亮。岛村的脚冻僵了。

岛村漫无目的地外出跑了一趟，又返回了温泉村。汽车照例开过岔道口，来到神社的杉树林旁。见到一户灯火明亮的人家，岛村这才松了一口气。那是菊村小饭店，门口站着三四个聊天的艺妓。

岛村正要想着或许驹子也在里面，就一眼看到了她。

汽车忽然慢了下来。也许司机已经了解了岛村和驹子的关系，有意放慢了车速。

岛村蓦地回头，朝与驹子相反的方向望去。他所搭乘的汽车在雪地上留下了两条清晰的车辙，借着星光竟能看得很远。

汽车开到驹子跟前。驹子闭上眼睛，冷不防跳上了车。汽车没有停下，依旧缓缓地爬上山坡。驹子在车门外的踏板上缩着身子，紧紧抓住门把手。

她一跳上车就给吸住了似的，岛村却觉得仿佛有温暖的东西轻轻地挨近了他，完全没有感到她的动作有什么不自然和危险之处。驹子举起一条胳膊，好似要抱住车窗。衣袖滑落下去，长衬衣的颜色隔着厚厚的车窗玻璃，映入岛村冻僵了的眼帘。

驹子将前额贴在玻璃窗上，高声喊道：

“你去哪儿了？告诉我，上哪儿去了？”

“多么危险呀！别胡闹！”岛村也高声回答，像是甜蜜的嬉闹。

驹子打开车门，横着倒进车来。此时，汽车已经停在了山脚之下。

“说吧，你到哪儿去了？”

“嗯，没去哪儿呀。”

“哪儿？”

“没去哪儿。”

驹子理了理衣服下摆，举止之间有着十足的艺妓风情，岛村忽然觉得很稀罕。

司机坐着不动。岛村发现汽车已停在路的尽头，觉得这样坐在车里实在可笑，便说：“我们下车吧！”

驹子把手放到岛村搁在膝盖上的手上。

“哟，这么凉。你为什么不带我去呢？”

“是呀！”

“说什么呀？你这人真怪！”驹子快活地笑着，登上了陡峭的石阶。

“我看到你走了，是两点吧，要不就是三点之前？”

“嗯。”

“听到汽车的声响，我就跑到门口看你来了。你没有回头看看吧？”

“是吗？”

“你没看。你为什么不回头看呢？”

岛村愣住了。

“你不知道我在为你送行吗？”

“不知道。”

“你这个人！”驹子依旧快活地抿着嘴笑，还把肩胛靠了过来。

“为什么不带我去呢？越来越冷淡了，真可恨！”

突然，火警声响起了。

两人回头望去。

“着火了，着火了！”

“是着火了。”

火焰从下面的村子正中间升起。

驹子连叫了两三声，抓住了岛村的手。

黑烟滚滚，火舌时隐时现。火势正向四周蔓延，舔舐着房檐。

“是在哪儿？是不是在你原来的师傅家附近？”

“不是。”

“那在什么地方？”

“还要往上一点，靠近火车站了。”

火焰烧穿了屋顶，冲向天空。

“哎呀，是茧仓。是茧仓呀！啊呀呀，是茧仓烧起来了！”驹子把脸贴在岛村的肩膀上，不停喊道，“是茧仓，是茧仓。”

火势越来越猛，但从高处往下看，辽阔的星空下却是一片宁静，如同玩具在烧。但似乎又有烈焰的声音传来，令人感到可怕。岛村搂住了驹子。

“没什么可怕的。”

“不，不，不！”驹子摇着头哭了。她的脸在岛村的手掌中显得比平时的更小。紧绷的太阳穴颤抖着。

看到失火，她就哭了。可她为什么要哭呢？岛村并没有追问，只是搂着她。

驹子忽然停止了哭泣，抬起脸来说：

“对了，今天晚上茧仓在放电影，挤满了人，你瞧……”

“那可糟了。”

“准会有人烧伤，会烧死人的呀！”

听到上方人声嘈杂，两人急忙跑上石阶。抬头望去，旅馆二三层楼的纸槅门差不多都被拉开了，人们跑到亮堂的走廊下观看火势。院子的一边种了一排枯萎的菊花，在旅馆的灯光或是天上的星光映照下，浮现出轮廓来，令人觉得好像是火光照亮的。菊花的后面也站着人。有三四个旅馆掌柜之类的人从他俩上方连跑带滚地下来。驹子大声问道：

“喂，是茧仓吗？”

“是茧仓。”

“有人受伤了吗？有没有人受伤？”

“正在往外施救呢。电影拷贝一下子烧了起来，烧得很快。刚才在电话里听说的。你看！”迎面碰上的掌柜扬起胳膊又跑了过去。

“听说正在把孩子一个个往下扔呢！”

“哎呀，这可怎么办呢？”驹子也走下石阶，像是要去追赶掌柜。后面的人不断地超过她，跑到了前面。驹子跟着跑起来，岛村也追了上去。

到了石阶下面，因为有房子阻挡，只看得见火舌。这时，火警声又大作起来，越发使人惶惶不安。

“雪都结冰了，当心点，路可滑着呢！”驹子朝岛村回过头，借势收住了脚步。

“哦，对了。你就算了吧，不要去了。我是担心村里的人。”

经她一提醒，岛村才发现是这么回事。他一下松了劲儿。他低下头，发现脚下已是铁轨，原来他们已经来到了铁路岔口处。

“银河多美呀！”

驹子喃喃自语。她望着天空，又奔跑起来。

啊，银河！岛村仰头望着，仿佛自己的身体瞬间飘向了银河。银河那么近，近得可以将岛村轻轻捞起。在旅途中漫游的松尾芭蕉，在汹涌的大海上所见到的银河，想必也是如此美丽壮阔吧。银河光亮洁净，宛若用她赤裸的身躯把黑暗中的大地拥入怀里，低垂下来，低到触手可及的程度，真是艳丽至极。岛村甚至觉得自己小小的身影会从地面倒映入银河之中。银河是那样澄澈，不仅每一颗星辰都清晰可见，就连光云之间的银沙也粒粒可辨。人的视线都被吸引进银河那无底的深渊了。

“喂——，喂——”岛村呼喊着驹子。

“你快来呀！”

银河低垂在黑暗的群山上，驹子正朝那边跑去。

她好像拎着下摆，随着手臂的摆动，红色的底襟便忽长忽短地显露出来。在洒满星光的雪地上，那红色愈发鲜明了。

岛村一鼓作气地追了上去。

驹子放慢脚步，松开下摆，握住岛村的手。

“你也去吗？”

“嗯。”

“你真是好事。”她提起掉在雪地上的下摆说，“我要被人笑话的。你回去吧。”

“就到前面。”

“那多不像话，去火场还带着你，叫村里人看到，多难为情。”

岛村点点头站住了，可是驹子轻轻拽住他的衣袖，又慢慢走了起来。

“找个地方等我一下吧，我马上就回来。在哪儿好呢？”

“哪儿都行。”

“好吧，那就再过去一点。”驹子看了看岛村的面孔，忽然摇起头来，“烦死人了！”

驹子猛地撞了过来，岛村踉跄地后退了一步。路边的薄雪上露出了一排大葱。

“太可悲了！”驹子语速很快地找碴儿，“你说过，我是个好女人吧？人都要走了，为什么还要说这种话？”

岛村想起了驹子用簪子猛扎榻榻米的模样。

“我哭了，回去以后又哭了一场。真怕与你分别。不过，你还是快点走吧！被你说哭了，这事我可忘不了！”

一想到驹子误解了那句话，以至刻骨铭心，岛村便感到内心被一种不舍的感觉紧紧缠住。火场上突然间传来惊呼声，新冒出的火舌又喷出许多火星。

“哟，火又烧大起来了，火苗蹿得好高。”

两个人就像得救了似的松了口气，奔跑起来。

驹子跑得飞快，木屐掠过冰冻的雪地，手臂与其说是前后摆动，不如说是向两旁舒展。岛村看着她胸部憋足力气的样子，惊觉她如此小巧。岛村的身躯有点发福，又看着驹子奔跑着的背影，很快就吃不消了。驹子也一下子喘不上气，跌倒向了岛村。

“眼睛要冻出泪来啦！”

她脸颊发热，只有眼睛是冰冷的。岛村的眼睑也濡湿了。他眨了眨眼，顿时满目皆是银河。岛村强忍着，不让眼泪流淌下来。

“每天夜晚都能看到这样的银河吗？”

“银河？真美呀！不会每晚如此吧。天气多么晴朗！”

银河的光亮从两人的身后流泻到他俩的跟前，驹子的脸庞仿佛映照在银河之中。

可是，驹子纤细笔挺的鼻子模糊了，小巧的嘴唇也失去了色泽。岛村难以相信，那横贯天空的光亮居然会如此幽暗。星光好像比薄明的月亮还要淡薄，而银河却比任何满月都要明亮。大地不见一丝投影。微光之中，驹子的脸好似一个旧面具浮现出来，散发着女性的芳香，令人觉得不可思议。

抬头仰望，银河像要拥抱大地似的垂下来。

银河宛如一大片流动的极光，将岛村的全身淹没。岛村觉得自己仿佛站在了大地的尽头。虽然冷寂至极，却是娇艳得惊人。

“你离开后，我要认认真真地过日子。”驹子说着又走了起来，用手拢了拢松散下来的发髻。她走了五六步，又回过头来。

“你怎么啦？真叫人心烦！”

岛村仍然站着不动。

“啊？你等着我。回头一起去你的房间吧。”

驹子扬了扬左手就跑开了。她的背影像是被吸入了幽暗的山底。银河在起伏的天际处展开她的裙裾，在那儿又朝着相反方向的天空璀璨地蔓延着。群山越发显得阴沉了。

岛村起步前行，不一会儿，街上的房子就遮挡住了驹子的身影。

“嗨哟！嗨哟！嗨哟！”传来了一阵吆喝声。街上有人拖着水泵走去，似乎还有人不停地朝火场跑。岛村也急忙走到大街上。两人来时的小路通向大街，正呈一个丁字形。

又运来了一台水泵。岛村让开路，跟在后面跑。

那是一台老式的手压的木制水泵，除了一队人拖着长长的绳索走在前面外，周边还围着一圈消防队员。那水泵显得可真小啊。

驹子也闪到路边，让水泵先过去。她看到岛村也跟着一起奔跑。站在路旁给水泵让道的人们像被水泵吸引过去似的，全跟在后面奔跑。此刻，他们两人不过是随着人流向火场跑去而已。

“你也来啦？真是好事！”

“嗯。这水泵靠不住吧！还是明治维新以前的东西。”

"就是。当心别摔着!"

"路好滑!"

"是呀。以后，刮一整夜暴风雪的时候，你该来看一看。来不了吧?那时候，山鸡、野兔之类的全逃进人家里来了。"驹子说着高兴起来。在消防队员的吆喝声和人们杂乱的脚步声中，她的声音显得响亮又热烈。岛村也感到轻松了。

能听见火焰燃烧的声音了。火势凶猛。驹子抓住了岛村的胳膊。街道上低矮而又黑暗的房顶，在火光的映照下，像喘气似的忽隐忽现。水泵喷出的水流过路人的脚边。岛村和驹子自然也在人墙后方站住了。火烧的焦味中掺杂着烧煮蚕茧的气味。

人群里处处发出相似的议论：电影拷贝引发的大火啦，把看电影的小孩一个个从楼上往下扔啦，还没人受伤啦，幸好仓库里没有存放村里的蚕茧和大米啦，等等。可是面对大火，大家都只能沉默。一种寂静主宰着火场，不论远近。人人都在倾听着火焰声和水泵的抽水声。

村子里不时有随后到达的人，到处叫喊着至亲的名字。听到有人答应，就高兴得互相叫喊。只有这样的声音才是生机勃勃的。火警的声音已经停止了。

岛村害怕引人关注，便悄悄离开驹子，站到一群孩子的身后。烟火熏人，逼得孩子们不得不往后退。脚下的积雪有点儿融化了，而人墙前面的积雪，因为火烤水浇，已经一片泥泞，上面印着杂沓的脚印。

茧仓旁正好是一块旱地，和岛村一起跑来的村里人都站在那里。

火大概是在摆放电影放映机的门口燃烧起来的。茧仓的半边屋顶和墙壁已经烧垮了，柱子和屋梁还冒着烟，竖立在那里。除了木板屋顶、板壁和木地板之外，茧仓里空荡荡的。里面的烟雾并不大，屋顶喷洒了许多水，看样子也烧不起来了。但火还在蔓延，在意想不到的地方又冒了出来。三台水泵赶紧去浇灭，于是忽地一下，火星四溅，冒起一股黑烟。

火星溅向银河，岛村好像又被捞上了银河似的。黑烟冲向银河，而银河则向下降落。水泵并没有对准屋顶，喷出的水柱左右摇晃，变成蒙蒙的水雾，恰似映照着银河的光芒。

驹子不知何时倚靠了上来，握住了岛村的手。岛村无言地转过头看了一眼。驹子只顾认真地望着火，通红的两颊上有着火光起伏。这时，岛村的心头涌起了一阵激情。驹子的发髻松掉了，她正伸直了脖子。岛村突然想伸出手，但指尖在微微颤抖。他的手在发热，驹子的手更烫。不知何故，岛村感觉到两人分离的时刻就要到了。

门口的立柱还是别的什么东西，又引起明火来。水泵又喷射过去，屋柱和横梁丝丝地冒着热气，倾倒下来。

围观的人群突然“哎呀”一声，倒吸了一口冷气。只见一个女人掉落下来。

茧仓有时用作戏园，二楼只是徒具形式地设有观众席。虽说是二层，却很低矮。从楼上掉落，按理说只是瞬间的事，却长得足以让人看清她掉下来的姿势。或许是由于她落下的样子怪异，像是人偶，一眼便看出她已经不省人事，落下时也毫无声响。地上是一汪积水，没有扬起尘埃。她正好落在新蔓延的火苗和复燃的死灰之间。

一台水泵对着余烬中的火苗，喷出一道弧形的水柱。在水柱前方，忽然浮现出一个女人的身体。她就这样掉落下来。在空中，她是平躺着的。岛村怔住了，但在那一瞬间，他没有感受到危险与恐怖，仿佛那只是非现实世界里的一个幻影。僵直的身躯从空中掉落，显得那么柔软，但又像人偶一样，没有了挣扎，失去了生命的自由，似乎生死已经休止。要说岛村此刻脑海里闪现出什么念头，那就是担心女人的身体会不再平躺，而是头朝下坠落，或者腰和腿弯曲起来。看上去有那种可能，但她还是水平地落了地。

“啊——”驹子尖叫一声，捂上了眼睛。岛村则一眨也不眨地凝视着。

掉下来的女人是叶子。岛村是何时知道的呢？人群的惊呼和驹子的尖叫几乎是同一瞬间发出的。叶子的小腿在地上痉挛，也是在那一瞬间。

驹子的尖叫直刺岛村的身心。看到叶子的小腿在痉挛，岛村的脚尖也跟着发冷、抽搐。这难以忍耐的痛苦和悲哀向他袭来，让他的心剧烈地跳动着。

叶子的痉挛十分微弱，几乎难以察觉，而且马上就停止了。

在看到叶子痉挛之前，岛村已经看到了她的脸和红色箭翎花纹的衣服。叶子是仰面跌落的，衣服下摆卷到了她一只膝盖上。她撞到地面时，也只是小腿痉挛了一下，人是没有知觉的。不知为什么，岛村完全没将之与死亡联系起来，只感到叶子体内的生命在变形，正处在一个临界点上。

从叶子掉落的二楼看台上，又倒下了两三根木头，打在她脸上燃烧起来。叶子闭着那明亮、美丽的眼睛，翘着下巴，伸着脖子。火光在她苍白的脸上摇曳。

岛村突然想起，几年前来这个温泉村看驹子时，看到火车窗玻璃上叶子的脸庞，寒山灯火正映照其上，心头不禁为之震颤。刹那间，那火光仿佛照亮了自己与驹子一起度过的岁月。那里，也有着令人难耐的苦痛和悲哀。

驹子从岛村身旁跑了出去，这一举动与她高声尖叫、捂住双眼几乎在同一瞬间，也正是在人墙中倒吸一口冷气、发出“哎呀”一声的时刻。

焦黑的灰烬已被水喷得散落一地，驹子拖曳着艺妓服长长的下摆，磕磕绊绊地跑过去。她把叶子抱在胸口，试图往回走，脸上显露出拼命用劲的样子。而叶子垂下头，一副已然死去的空洞表情。驹子如同怀抱着一个祭品，抑或是对于自己的惩戒物一般。

大家你一言我一语地拥上来，围住了她们俩。

“让开，请让开！”岛村听见了驹子的叫声。

“这孩子，她疯了，疯了！”

驹子发疯似的叫着。岛村想走近她，但被那些要从驹子手上接过叶子的男人挤得踉踉跄跄的。他勉强站稳脚跟时，抬头一望，银河仿佛哗啦一声，朝着岛村的心头倾泻而下。

（一九三五年—一九四七年）

# 花的圆舞曲

《花的圆舞曲》曲终舞毕。

降落的大幕还没遮住她们的胸部，友田星枝的舞姿忽然松垮了。

这时候，早川铃子正以一只脚的脚尖站立，另一条腿高高扬起，身体的重心全落在与星枝相触的手上，也就是说，铃子和星枝两人正合力摆出一个舞蹈的造型。可就在此刻，就像被撤空了一半似的，铃子打了一个趔趄，差点倒在了星枝的怀里。

这么一来，星枝也一个踉跄。铃子的脸贴在星枝的腹部，姿势滑稽。她想重新挺立，便用一只手抓住星枝的肩膀，顺手给了她一记耳光："浑蛋！"

这一记耳光连她自己也吃了一惊，呆呆地望着星枝的脸。

"这一辈子，我再也不跟星枝一起跳舞了！"

说着，铃子身子一软，靠向了星枝的肩膀。

星枝倒不像是要摆脱铃子，也没有因为挨了打而生气。她只是挪开了肩膀，但铃子也因此失去了支撑，伸着双臂向前扑去了。

星枝完全不认为那是自己的责任，头也不回，茫然站立着。她大声喊道：

“这辈子我再也不跳舞了！”

这时，大幕完全降落了。

随着大幕落地之声响起，观众席上爆发出经久不息的掌声。它好似大风一般渐渐远去，忽然又沉寂下来。

舞台的照明也变暗了。

这当然是为答谢观众的喝彩所做的准备，等大幕重新升起时，便可以给舞台增添更美妙的氛围。舞蹈演员们也对此有所期待，她们继续舞动着跑了过去。舞台两侧，抱着花束的少女们正等待着。

掌声又潮水般地高涨起来。

“没见过像你这么任性的。”

说着，铃子搂着星枝的肩膀，从大家的身后走了出来。

星枝好像忘了该怎么动，像一具人偶，任凭铃子摆布。

“对不起，我打的是这儿吧？”

铃子笑着说，伸手抚摸星枝的脸颊。星枝却扭过脸，喃喃自语：

“这辈子我再也不跳了！”

“我在想，要是刚才观众看见了会怎么想呢？他们会笑话我们的，报纸上也会登的。那样，我们今晚的成功就化为乌有了。幸好是在大幕后面，观众没看见。或许大家只看到了我们的脚。他们只会觉得我晃了一下，但肯定没看出来。所以他们才会那么热烈地鼓掌，高呼‘再来一遍！’，他们肯定会要求我们重来一遍的。”铃子摇晃着星枝的肩胛，继续说，“我们得好好地向老师认错。要是老师没看见就好了！”

两人来到舞台的侧面时，挤在那儿叽叽喳喳的舞蹈演员和少女们顿时安静下来。铃子羞涩地微笑着，星枝仍然气恼地紧闭双唇，仿佛这里有着令人沉默的力量。

此时，大幕再次升起。

舞女们用眼神相互示意，手拉手地步上舞台，把铃子和星枝拥在前面。

她们两人居中，和其他人在台上列成一排，向观众谢幕。

少女们手持花束来到台前，把花束献给铃子和星枝。

献花的少女均不满十一二岁，其中还混有六七岁的女童。她们都身穿长袖和服。她们的母亲或姐姐，还有那些没在《花的圆舞曲》中出场、身穿其他舞衣的舞蹈演员们，打刚才起就在舞台的一侧照拂她们。她们抚摸少女们的头发，整理好她们的腰带，还叮嘱她们上台后别紧张，记着该把花献给谁。

花束都集中到星枝和铃子的手上。

《花的圆舞曲》是专为她俩编排的舞蹈，舞蹈动作设计亦是如此。其他的舞女们上场都是为了给她俩做个背景，或者当个陪衬。为了始终突显她们，她们的服装也不同于其他的舞女。

因为这些小小的献花者的出现，观众再次献上热烈的掌声。

铃子和星枝胸前抱满了花束，简直让鲜花给埋没了。

一个最小的孩子，走起路来还摇摇晃晃的，献花晚了一点。她手上拿着一束天蓝色的小花，合在一起比一大朵的葵花还小。小女孩站在星枝跟前，大概是人和花都太小，星枝好像没有发现。

“星枝，那是给你的，多么可爱的花。”

铃子在一旁提醒。

小女孩正纳闷儿地看着星枝，听到这话，反而把花递给了铃子。

“哎，不对，给星枝的！”

铃子向小女孩使了个眼色，嘀咕着说，但小女孩并未理解。于是星枝不便从一旁强行接过，铃子只好和蔼地接受了天蓝色的花束，摸了摸小女孩的头，轻声说：

“谢谢你！好了，妈妈在那儿叫你呢！”

身穿长袖和服的献花少女们退场后，台上的舞女们再一次向观众鞠躬致意。大幕徐徐降落。

“星枝，这是给你的花！”

铃子把刚才那一小束花插进星枝抱在胸口的花束间。

“你为什么不接呢？让那么小的孩子站在舞台上丢脸，太过分了。小孩子差点哭了。”

“是吗？”

“不是你一个人是人，好好记着点！”

铃子嘴上这么说，脸上却还是挂着微笑。

这一束天蓝色的小花，夹在蔷薇和康乃馨的花束中间，反而更显鲜艳，仿佛这才是真正的花。

舞女们感到稀罕，纷纷探头望着星枝胸前的花束，赞叹着说：多么可爱呀！真是漂亮！太美啦！像是童话里的王冠、梦幻国度里的糕点！

“香不香？”一个人拿在手里闻了闻。

“真想拿着它跳舞。这是什么花呀？星枝，它叫什么啊？”

“我也不知道。”

“没见过这种花。让人如此深刻印象的花，是什么人送的呀？”

星枝随手接过了返还的花束，说道：

“这花已经蔫了。”

对方有点惊讶，看着星枝的脸。星枝又说：“这花蔫了。”

“没有蔫呀。你可别在这儿说这种话，回去插在花瓶里就好了。让送花的听见了，多不好意思啊。”

“可是，它是蔫了呀！”

铃子在稍远处看到这情景，便说：

“要是你嫌花蔫了，就给我吧。是不是我错把花束接受下来，你不高兴了？”

星枝默默地把花束扔给铃子。花束到了铃子的手里时，有东西掉落在舞台上，是镶有宝石的项链。它像是藏在花束里的，因为缠在花枝上，有一两枝也随之掉落了。

但星枝扔出花束后，很快穿过舞女中间，蹲在刚才的小女孩跟前。

“真是对不起，刚才是我不好，请原谅！”

她说着，隔着胸前的花束抱起了孩子，朝通往后台的楼梯跑去。她这一连串的动作速度之快，连掉了项链都没有察觉。

“星枝！”

铃子瞪了她一眼，随后捡起了项链，看到别在蓝色花束上那张小小的名签。身边的一两位舞女也探出头来看。

“胜见……这个叫作胜见的人，铃子认识吗？”

“认识。”

“是个男的？”

铃子不作回答。

星枝往楼上跑时，胸前的花束掉落在了楼梯上。她毫不介意。一只脚上的舞鞋带松开了，她便一脚将它甩掉，任其远远地落到楼下的走廊上，连头也没回。

这段时间内，观众催促加演的掌声未曾停歇。

乐手们朝乐池走去。掌声又一次高涨。

铃子用力打开房门。

“要加演，星枝，要再加演一次哟！”

她一进后台，就把项链悄悄地放在星枝的梳妆台边上，随后抬头望着星枝，故作兴奋地说：

“有什么好难受的？要加演呢！乐手们都上场等着我们呢。就算你一个人心中难受，不演也不行啊！”

星枝抱上来的小女孩不知跑到哪里去了。她独自一人站在窗边，凝视着夜间的街道。

“别让大家扫兴，好吗？”铃子拉起星枝的手催促道。

星枝顺从地跟着走了五六步，在穿衣镜前站住了。

“哎呀，你只穿了一只鞋，还有一只鞋呢？”

铃子从镜子里看着星枝的脚，可星枝却看着自己的脸。

“这副脸相怎么能去跳呢？”

“脸是看不见的。”

“铃子，你不是也说过，这辈子不再跳舞了吗?”

“要跳一辈子，我们要跳上一辈子！你的鞋到哪儿去了?”

“我不想跳了，没有心情跳。”

“那别人的心情会怎么办？你不能这样啊。你想想，今晚的演出，难道不是老师亲自为我们准备的吗？那么多人辛苦表演不就是为了我们吗？你还不明白吗？就算你心里在流泪，脸上也得笑啊！观众多么高兴啊。”

“他们会高兴吗？我在心情如此糟糕时跳的舞。”

“你没听见他们的掌声吗?”

“听到了。”

“好啦，快穿上鞋。鞋到哪儿去啦?”

后台是一间小小的西式房间，靠近墙壁处有一块高出一截的地方，铺着榻榻米，榻榻米上摆着梳妆台和一面大的穿衣镜。墙上挂不下的舞蹈服，散乱地堆放在中间的矮桌子上。人家送的花篮、点心盒和花束之类的，也随意地放在桌上。

榻榻米下方摆放着各种舞鞋。铃子蹲在那儿，忙乱地寻找星枝的另一只舞鞋。这时，屋门开了。

来者是她们的老师竹内。他手里拎着星枝的舞鞋，走近星枝时，若无其事地把舞鞋放在她的脚下，轻轻地说：

“你的鞋掉了。”

“啊，老师！”

铃子红着脸跑上去，跪在星枝的跟前，为她穿上舞鞋。

星枝任由铃子摆弄，眼睛紧盯着竹内。

“老师，我不想跳了。”她说完扭过头去。

“想跳也罢，不想跳也罢，跳舞就是跳舞。这就是人的一辈子啊！”

说完，竹内笑了笑，坐到自己的梳妆台前匀起脸来。

他的身上只穿了一半舞衣。凑近他化妆的脸一看，似乎比他将近五十岁的实际年龄要显老，难以掩饰岁月的枯寂。

铃子和星枝走出后台，刚踏上楼梯，木管吹奏的序曲就响起了。

观众的掌声一下子安静下来。

那是柴可夫斯基《胡桃夹子》里的《花的圆舞曲》。这部由《糖果仙子舞曲》《特列帕克》和《阿拉伯舞曲》等构成的《胡桃夹子》全曲，三四年前曾在竹内舞蹈研究所的发表会上演过。

当时，星枝跳的是《中国舞曲》。

铃子跳的是《芦笛舞曲》。

《胡桃夹子》原本是以圣诞夜一位少女的梦境故事为蓝本创作的，是一组童话舞曲。

那时，铃子和星枝还都是少女，正做着胡桃夹子一般的美梦。

压轴的《花的圆舞曲》，好似少女们绚烂的青春花朵在开放。

这个舞蹈成了她们最愉快的回忆。

为了让两位女弟子成名，竹内今晚举办了“早川铃子·友田星枝首届舞蹈汇演”，演出中特意加入了《花的圆舞曲》，还修改了原先的舞蹈设计，以便更突出两人的舞蹈。

星枝和铃子一离开后台，竹内便站起来，拿起星枝梳妆台上的项链看了看，又悄悄地放回原处，而后不禁抚摸着姑娘们挂在墙上的衣裳。

衣裳、花束、化妆道具等物品，仿佛越是散乱摆放，越是显得生机勃勃。

两人下了楼梯，还没到舞台的侧面，乐手们已经奏响了圆舞曲的主旋律，其他舞女也舞动着等待主角的出场。

“友田、友田！”后面有人在叫她，但星枝并没有听见。她摆好舞姿，跳上了舞台。

同时，铃子从对面出场，与星枝在舞台中央会合。她小声鼓励着说：

“行吗？不要紧吧？”

星枝用眼睛表示没事。

铃子一边跳舞一边不时担忧地用眼睛瞥向星枝。等到两人再次接近时，铃子说：

“真高兴，心情好转了吧？”

到第三次时，她说：

“跳得太棒啦，星枝！”

但星枝就像没听见一样，沉迷在自己的舞蹈中忘却了自我，越跳越激情。

铃子见状便乱了舞步，身心无法融入到舞蹈中，自感动作笨拙、僵硬。

不久，两人又跳到一起，手拉着手，铃子说道：

“你撒谎，真可恨！”

铃子有点焦虑，说不上是出于嫉妒、生气，还是悲伤。

过了一会儿，她又说：

“可怕，你这人真是可怕。”

星枝依然在忘我地跳着。

铃子也不甘示弱，舞蹈也渐渐亢奋起来，显示出青春的活力。

然而，与星枝力争高低而舞蹈的铃子，和不知道铃子在与自己竞争而起舞的星枝，她俩的舞姿呈现出一种不和谐的美，而不是翩翩起舞的蝴蝶的双翅。

当然，观众是不了解这一切的。结束后，她们又被掌声两次唤回到舞台谢幕。

星枝与先前判若两人，旁若无人般洋溢着愉悦，连说话的声音也显得异常激动。

“太好了！我从来没有这么痛快地跳过，音乐和舞蹈吻合得丝丝入扣。”

铃子也高兴地答谢了观众的喝彩。她来到舞台的侧旁。身穿东方风格服装、站在那里观看她们跳舞的竹内，抓住她的肩膀，慰问道：

“跳得好！”

他的话音刚落，铃子就已满含失望的泪水，仿佛要靠向竹内的胸前，可又转身跑过其他舞女，跑进了楼上的后台。

星枝吹着刚才圆舞曲中一段的旋律，蹦跳着进了后台。

“你撒谎，骗人！自私鬼！上你当了，蒙骗人，真是卑劣！”

“哟，发什么火呀？”

“堂堂正正地竞争才好。”

“我讨厌竞争。”

星枝一时难以忍受，扯下花束上的花朵，撒在地上。

“你别碰我的花！”

“这是你铃子的吗？我就是讨厌竞争！”

“是啊，你就是这样一个彻底的利己主义者。我从未见到过像你这么任性这么可怕的人。”

“你是在发火吗？”

“难道我说的不对吗？说什么难受啦，没情绪啦，不想跳啦，刚才你不是一直无精打采的吗？所以，我是真的为你担心，到了台上也总是惦记着你，反倒疏忽了自己的舞蹈。你真是可恨极了。可你呢，将自己说的忘得一干二净，跳得开心得很哪！真是上了你的当，骗子！”

“我怎么知道你想的那些事。”

“你不觉得那很卑劣吗？这简直就是暗算！让别人上当，好一个人跳得称心如意。”

“讨厌，这些能怪到我头上吗？”

“那该怪谁？”

“怪跳舞。一跳起舞，我就会忘掉一切。若总想着要好好跳，反倒跳不好。”

“这么说来，星枝真是个天才啊。”

铃子讥讽地说。那声音反而像是一种回声，激起了自己的悲愤。

“我不会输给你的，我绝不会输给你！”

铃子焦躁地整理着堆放在那儿的衣服，又说：“不过，这样下去，星枝今后肯定会倒霉的。弄不好，一下子就会栽倒。旁人看来，你的性格就像是在峡谷中走钢丝，总有一天会遇到一场悲剧。你自己没有意识到吧？真是又危险又可怜。大家都为你提心吊胆，担忧你接下去会怎么样，你却全然不知，一个人独自逞能。”

“可是，在舞台上跳得爽快，又有什么不好？”

“什么爽快爽快的，你想过别人的心情吗？哪怕只有一次。”

“在舞台上，一边想着别人的心情一边跳舞，那算什么呀！我可不是那种世故的人！那种人，想想都觉得可悲，令人不快！”

“你若在社会上始终那样，那倒是了不起了。”铃子又压低嗓门儿说，“不过，要想在舞台上获得成功，成为舞蹈明星，靠的好像也不是努力和才能，而是像星枝那样逞能吧？那也行，你就把我踩烂，自己去做明星吧！”

“讨厌！”

“可是星枝呀，别人亲近你，喜欢你，你不感到高兴吗？”

星枝没有回答，凝视着镜中的自己。

铃子来到她的身后，把脸靠着她，看着镜子。

“星枝，你这样子也能爱上别人吗？那时，你会是怎样的表情？我倒饶有兴趣。”

“我会是一脸的孤寂。”

“胡说！”

“只是化好了舞台妆，你看不见而已。”

“赶快把衣服之类的收拾一下吧。”

“不用，女佣会来拾掇的。”

正说着，竹内从舞台回到了后台。

《花的圆舞曲》之后，还有竹内的舞蹈表演。这也是今晚最后的演出。

铃子轻盈地迎上去说：

“今晚的一切，多亏老师了，真是感谢！”

说着，她用毛巾给竹内擦拭脖子和肩膀上的汗水。星枝坐在自己的梳妆台前，没有动。

“谢谢老师！”

“祝贺你们，获得巨大的成功，这比什么都强！”

他任凭铃子为自己擦拭身体，自己则卸下脸上的妆容。

“这多亏了老师的指导呀！”

铃子为竹内脱下衣裳，为他擦干裸露的后背。

“铃子，铃子！”

星枝用粉扑敲击着梳妆台，像在责备似的尖叫着。

但是，铃子就像没有听见似的，跑到盥洗室里搓了毛巾回来，仔细地擦着竹内的前胸、后背，还高兴地谈论起今晚的演出。接着，她抱起竹内的脚，搁在自己的一条手臂上，用另一只手将脚底到脚趾擦干净。最后，她又给竹内按摩了小腿。

铃子兴冲冲地做着这些，举止间充溢着真情，显出美好的师徒之情和纯真的诚意，没有丝毫的不快。

铃子的动作很熟练，加上她还穿着演出服，肌肤裸露着，给人的感觉像是在窥视密室里的男女。

“铃子!”

星枝又喊了一声，尖厉的声音里带着神经质的厌恶。然后，她霍地站起身走了。

竹内默默地目送着她，说道：

“哦，好了。谢谢!”

他走到后台角落里的盥洗室，一边洗脸一边说：

“听说南条下星期会坐船回来。”

“哟，是真的吗，老师？这太叫人高兴了，这一次是真的回来了吗?”

“嗯。”

“不知道他是否还记得我?”

“那时候你几岁了？”

“十六岁。当时他训斥我说，跟一个没谈过恋爱的女孩跳舞太没劲，没法跳！您还记得吗？”

“记得。不过，这一次他会高兴地邀请你一起跳舞的。或许他会说，还是没谈过恋爱的好哇！当年他眼中的孩子，如今已是如此出色的舞蹈家，想必他会大吃一惊的吧！”

“哪儿的话，老师。我一直盼着他回来教我跳舞。可是真到那时候，我却害怕了，担忧了。他在英国的学校里扎实地学过，又在法国观摩过一流的舞蹈，哪里会看得上我这样的人啊。”

“男人不可能只是一个人跳舞，怎么也需要有个女舞伴。”

“还有星枝呢！”

“你可别输给她。”

“南条一看我，我就会浑身颤抖，缩成一团。星枝就能若无其事地跳。只要舞伴合适，她就会着了魔似的超水平发挥，太可怕了。”

“你也真是爱瞎想啊。”竹内有点儿不悦，“南条回来后，马上要举办一个归国汇报舞会，到那时你们一起跳跳看。我希望以南条为中心，你们三个好好合作，把我们的研究所发展起来。这样，我也就可以安心引退了。这些年你吃了不少的苦，以后将会与南条携手合作，共同创造光辉的未来。研究所要铺上新的地板，墙壁也要重新粉刷。”

南条的回国日期比原定的晚了两三年，这已经成了竹内的心病。铃子一想到去横滨迎接他，就觉得高兴。

“是绕道美国回来的吧？”

“好像是的。”

“好像是？”铃子吃惊地反问，“难道信上和电报里没有写清吗？”

“我也是刚才听到新闻记者说南条要回来了，才知道的。”

“哎哟，他回来也没告诉老师一声？怎么……怎么会这样！”

铃子惊得哑口无言。见竹内一脸阴沉，她对老师十分同情，也很失望，好像自己被南条抛弃了。忽然间，她哭丧着脸说：

“难以相信啊。他是靠着老师才能出国留学的，真是个忘恩负义的神经病！老师，您还去横滨迎接他吗？太可恶了！不论怎么说，我也不会与这种人一起跳舞的！”

星枝来到走廊的时候，负责道具和照明的人员正忙着拾掇物件，乐师们已经拎着自己的乐器离开了。

观众席上空荡荡的，一片黑暗。

演出的经纪人、舞女的家属及其朋友、成为她们的舞迷的学生和姑娘们，个个都显得十分兴奋，要么在评论今晚的演出，要么坐在长凳子上等候，抑或在后台进进出出。

说是舞女，其实她们都是研究舞蹈艺术的学生。她们没有必要始终靠着舞台谋生，立志要成为舞蹈家的人是很少的。其中有半数是女学生和小学生，以千金小姐居多。

她们的后台比铃子她们的要宽敞。她们中有的脱下舞蹈服，有的去浴室洗澡，有的在补妆，还有的在寻找自己的花束，各自都在匆忙地准备着回家。她们仍然留有舞蹈结束后的兴奋之情，这从她们生机勃勃的话语声中听得出来。

星枝在走廊里接受了众人千篇一律的贺词："祝贺你！"也有人要求她签名留念，对她大加赞赏。

她对这一切都简单地予以回答，然后去往舞女们的房间。这时，她家的女佣在走廊上叫她，她们便一起回到了自己的后台。

一开门，正好看见铃子站在竹内的身后，帮老师穿西服。

与刚才不同，这一次星枝根本没有留意去看，只是把自己的衣裳指给女佣看：“这件，这件，还有这件……”

这时，铃子递给星枝一个眼神，她也诚实地点点头，披上一件春季的外套，和铃子一起将竹内送到了门口。

没等竹内的汽车开走，铃子就起劲地说起了南条下周坐船回国的事情。可是，星枝却态度冷淡地说：

“是吗？”

“可是，他居然连老师都没告知一声。真是忘恩负义！哪有这样混账的事情。太不像话了，你说老师是不是太可怜了？”

“是啊！”

“要是同行排斥他，报纸上发表文章骂骂他才好呢。我们说定了，不去迎接他，也绝不与南条跳舞！”

“嗯。”

“你这样可不行！靠不住，你得更加认真地表示愤慨。不然的话，星枝也会跟南条一样，成为一个薄情的人。”

“我可不认识什么南条呀！”

“老师不总是像念叨自己的孩子那样说起他吗？你没看过南条跳舞？”

“跳舞倒是看过的。”

“很出色吧！都说他是日本第一个西洋舞蹈的天才，是日本的尼金斯基[1]，日本的谢尔盖·利法尔[2]。老师才不惜借钱让他出国留学。竹内研究所变得那么穷，就是从那时候开始的！”

“是吗？”

这时，星枝的汽车司机和女佣正在搬运她的衣箱和客人送她的彩球。

一位坐在走廊长凳上等待的青年站起身，跟在她后面说：“友田小姐！”

“哟，你在干吗呢？还没回去吗？”星枝若无其事地走了过去。

回到后台，铃子卸了妆，来到房间一角的隔扇屏风后面脱衣服。

“今晚为了我们的舞蹈演出，老师也是勉强借钱办的。”

“是吗？”

星枝注意到胸前和手臂上的白粉，问道：“你不洗个澡回去吗？”

“星枝，你也得为老师想想啊。研究所的房子、乐器，

---

1 尼金斯基（Vatslav Nijinsky，1890—1950），波兰血统的俄国舞蹈家。名盛一时的巴黎俄罗斯芭蕾舞团成员。编舞作品有《牧神的午后》《春之祭》等。

2 谢尔盖·利法尔（Serge Lifar，1905—1986），乌克兰芭蕾舞演员和编舞家，被誉为20世纪最伟大的男芭蕾舞演员之一。

值点钱的东西全都抵押出去了。为了今晚的会场费，老师跑了三四天哪！”

“服装费也欠了不少吧？戏装店的人来讨过好几次了，我最讨厌那样。”

“星枝，”铃子忍不住了，“你听说过‘隔扇之外有乞丐’吗？”

“当然知道啦。俗话说：人到穷时卖缎带嘛。”

“就拿你星枝来说，谁知道哪天你会落到卖缎带的地步，讨饭糊口呢。你太没有同情心了。就说刚才，你不觉得有点过分吗？你摆出一副鄙夷的表情。我作为弟子照料老师，有什么不对吗？”

“多肮脏呀！”

“肮脏？怎么肮脏了？”

“当然肮脏啦！老师赤身露体，你难免会碰到他的身体，这不肮脏吗？”

“哦！”铃子完全没有料到她会这么说，像是突然被戳到了心底的痛处，一时答不上话来。

“去洗个澡吧！”

“你是叫我把手洗干净吗？”

铃子觉得自己受了屈辱，板起了面孔。

“铃子呀，我不喜欢看到你做那种事。”

“可是……”

“太可怜了。”星枝强硬地说。

铃子不吭声，像是被人推倒在了地上。

“总觉得那样做太可怜了，让人看不下去，所以我才生气的。”

“是为我吗？”

“就是！”

“我明白了，也很高兴。”铃子自言自语地说，“千金小姐和穷人家的姑娘就是不一样，是吧？也许这是我天生的性格，没法子了。我只是同情老师，真心想为他做点事。我没有觉得自己在做住家弟子的事，也不是要去取悦老师，无非是照顾一下老师而已，也喜欢那么做。不过，女人要是结了婚，还不都得那样……”

“别人怎么样，我可不管，我跟铃子好，所以不愿你那么做。我会感到难受的。”

“知道了。”铃子搂住星枝的肩头，让她在梳妆台前坐下，“我帮你化妆吧！”

星枝顺从地点了点头。

两个人都换上了自己的西服。

铃子梳理着星枝的头发，说：

“我大概在十四岁那年当上老师的住家弟子。他让我上了女子学校，对我像对待自己的孩子那样亲切。不过，我还是和女佣一起下厨房干活儿，自己总还是在别人家里嘛。我成了一个谨慎、体贴的孩子。比起自己的心情，我总会先考虑别人的。我一心学着舞蹈，也学会了忍耐。”

“人的心情，旁人真能了解吗？我是有点怀疑的。”

“我不是在和你讲什么大道理。老师没有太太，也许是因为如此，我才特别能了解他的心情。有时会想，我要是不在他的身边，他会变成什么样子呢？或许他总是穿着肮脏的衬衣，连指甲也不会去剪吧。”

“要去了解别人的心情，不是很可悲吗？”

“是呀。所以我才深深地体会到艺术是多么可贵。我要是个不愿献身于艺术的人，就会变成一个性格乖戾、心术不正的人，或是一个年少老成的人。肯定不会成为一个像样的女孩子。是艺术拯救了我。”

“艺术这玩意儿，让我害怕。”

“舞蹈不就是一种艺术吗？人们不正是因为你有舞蹈的天赋才对你的任性、放肆包容吗？你一跳起舞来，就像发疯了一样。”

“我总觉得艺术实在太可怕了，因为我立刻就会着迷。一旦跳入迷了，就会心情舒畅，相当愉悦。不过，让我感到不安的是，这种凌空翱翔的快乐，究竟会把我带向何方？会落下什么样的结局？那种心情就像在梦中迅速地飞翔，没有任何可以抓扶的东西，想停也停不下来。身体像是别人的。我不想失去自我。不论什么东西，我都不想入迷。”

“真是一位奢侈的大小姐。你是自恃天才才会说出这种话来，让人羡慕哪！”

“是吗？铃子真的打算作为一名舞蹈家发展下去吗？”

“真讨厌。事到如今，还在说这种话。”

铃子笑着用粉扑拍打星枝的脸。星枝闭着眼睛一动不动，只是稍稍抬起了下颏。

“你瞧，我的脸不是很寂寞吗？”

铃子给星枝的脸颊抹上红，描上眉，说：

“你刚才有什么可难受的？从来不见你那样胡来过，突然一下子改变了舞姿。”

可是，星枝好似一副美丽的面具，纹丝不动。

“那时要是我倒在舞台上就糟了。”

“因为我不想跳了。正要上台时，我看见妈妈在观众席上。一想不好，就跳错了舞步，怎么也跟不上音乐，伴奏也不行。”

“哟，你妈妈也来了？”

“她还悄悄地带来了女婿候选人，我不愿意让他看见我露着肩膀跳舞的样子。”

铃子惊讶地看着星枝的脸。

“好了。”铃子把眉笔放进梳妆台旁的化妆包里，忽然问道，“哎呀，项链呢？放到哪儿了？”

“不知道。”

“就放在这儿的。你真不知道？要是搞丢就糟了。你让开一点。”

铃子拉开梳妆台的抽屉，又到梳妆台后面不安地寻找着。星枝则任由她去忙活。

“行啦，大概是女佣拿走了。”

“要是那样倒好了。可是，这梳妆台不像是被女佣收拾过的样子，要是弄丢可就麻烦了。我不该把它放在这种地方的。它与舞台上玻璃做的假货可不同。我过去问问。”

铃子说着，心神不宁地走出了后台。

星枝望着镜中自己的脸庞。

外面吹起了初夏的晚风，但后台因为有演出的服装和花束，还有舞女们所用的脂粉，仍然充满着晚春的气息。青春的肌肤似乎也因此更显光滑柔嫩。

上午八时，往返美国航线的筑波号驶进了横滨港。

由于职业上的关系，竹内他们已经习惯了迎送外国的音乐家和舞蹈家。他们算好轮船靠岸的时间，来得稍稍晚一点。

尽管如此，海关屋顶上的尖塔仍然发出初夏时节的晨光，街道两旁的树荫也显示出午前的气息。

汽车在海关前一停车，铃子便朝那里的船务部走去。她买了门票，又看了看右侧一排排典型的又矮又长的码头仓库。他们走过了新港桥。桥的左边，海面污浊，像是臭沟渠。在三菱仓库前面，停满了日本老旧的船只。船上晾晒着洗过的衣物，有围裙、布袜、细筒裤、汗衫、尿片、孩子的红衣裳等，又旧又脏，反倒为周边近代化的海港增添了异国的景观。有的船上，人们正在清洗早饭的餐具。

除了竹内与铃子，还跟来了两位女弟子。其中一位在海关的警戒所前下了车，让他们检查携带的照相机。

他们到达四号码头时，星枝已经在那儿等候。她家住横滨，一个人先来了。

“哦，你来啦!”

竹内一下汽车，就把自己的花束给了星枝。星枝虽然接了过去，嘴上却说：

“可是老师，我并不认识南条，无法向他献花。”

“没关系，反正以后他要做你们的舞伴同台跳舞的。他是我的得意门生，你们自然就是他的师妹啦。”

“我和铃子说定了，不跟南条跳舞。要是不来迎接他就好了。”

竹内只是笑笑，然后走到轮船公司派驻人员处查阅乘客的名单。铃子从后面望着，说：

“啊，有了！老师，他在一八五号房间。到底还是回来了，回国了！”

她容光焕发，高兴得差点跳起来，把手臂搭在竹内的肩膀上。竹内也高兴地说：

“是啊，到底还是回来了！”

“简直像在做梦，我的心在怦怦直跳呢，老师。”

他们全都是一脸阳光，眺望着港口。

只要不是疯了，南条是绝不会不向老师打招呼就回来的。这究竟是怎么回事呢？然而，对南条的气愤或猜疑，仿佛都被重逢的喜悦冲淡，被轮船进港时的兴奋卷走了。竹内或许还回想起了自己钟爱的弟子南条少年时代的面影。

他们登上码头二楼，在临港餐厅里等候。那里也挤满了前来接船的人，他们透过敞开的窗户望着码头。女弟子们有点儿坐不住了，只是喝了点红茶，就把花束放在桌上，往走廊里跑去。

初夏的上午，港口里阳光灿烂。

摩托艇在停泊着的各国客船和货船之间，来回穿梭。

铃子分不清哪一条船是筑波号，但还是很兴奋。在横滨长大的星枝则指着海面说：

“就是那艘船！那艘朝这边开来的漂亮的大船。上面的烟囱又短又粗，白色上镶着红条。据说轮船要是没有烟囱，乘客就会感到不安。为了招徕乘客，轮船公司会把烟囱装饰得漂漂亮亮的，这叫化妆烟囱。就好像烟囱大了，看上去就显得可靠，速度也快似的。”

铃子知道那是筑波号后，便想着南条要是看到令人怀念的祖国土地该有多喜悦啊。她就像自己的事一样雀跃起来。

“南条说不定正朝我们这边看呢！肯定是的。甲板上装有望远镜吧？”

说着，铃子就想去借身旁女子的望远镜。那个女人穿着厚厚的草屐，头发烫得短短的，和服袖子却留得很长。

“离船开过来还要很长时间呢。我们先去散散步吧。”星枝说着，挽起了铃子的手臂。

她们朝着向码头匆匆赶来的汽车和人流相反的方向，沿着刚才的来路往回走，铃子依然不时地瞅着筑波号的方向，一副心神不宁的样子。

星枝翻开报纸的神奈川版面，念着“出入港”一栏的内容：今天的入港轮……今天的出港轮……明天的入港轮……明天的出港轮……今天的在港船……她一边念着，一边对照着停泊的轮船，说这是邮政部出资建造的优质货船，那是达拉公司的船只，等等。她像一位地道的横滨姑娘一样做着说明，而铃子心不在焉地听着。

两人来到了栈桥边，欧洲航线的英国船只已经靠岸。甲板上只有一名水手，正往这头看着。靠近中间船舱的部分寂静无声。

栈桥餐厅已经停止营业了。

一辆货运马车嘀嘚嘀嘚地踱来。那是一匹衰老的瘦马，驭手与马倒是十分般配，一副睡眼惺忪的样子，仿佛若从车上滚落就再也爬不起来了。说是马车，其实不过是一辆破车，在木板的四个角落插上四根棍子而已。

一对像是英国人的老夫妇迎面走来。他们牵着一位十二三岁的少女，安静地返回轮船。少女唱起了甜美的歌。

星枝和铃子站在栈桥的屋顶或是二楼眺望着港口，缄默不语。过了一会儿，星枝突然问道：

“铃子，你是要与南条结婚吗？”

“哟，没有的事。你干吗问这事？真讨厌，那不过是谣传。”

“你不是想着，等南条回来就与他结婚吗？”

“瞎说！只不过是别人这么说罢了。”铃子急忙解释，随即又自言自语地说，“那时我还只是个孩子，他去国外的时候，把我当作一个孩子呢。”

“是初恋吧。”

“已经是五年之前了。”

“铃子要是结婚了，老师会寂寞的。”

“哎呀，星枝也有这样的同情心，真是难得呀！说给老师听，他准会高兴的。”

“不过，这也没什么关系，一个个都要结婚的。”

“可是，南条要是会想到我一丁点儿，也不会这样一声不吭地回来呀。竟连一封信和一个电报也没有。”

“来接这样的人，真是太傻了。”

“南条肯定会喜欢星枝的。”

“没见过像你这样孬的人。你是在胡说。”

两人回到四号码头时，筑波号巨大的船体像是压着迎接者的胸部靠过来了。

船上传来了奏乐声。

成群的海鸟在轮船和码头间匆匆疾飞着。摩托艇从船首与船尾拖来了缆绳。码头上的人争相拥挤着，把身体探出栏杆。已经可以看到船上的乘客了。他们也在甲板上踮脚张望，有的挥舞着国旗，有的用望远镜搜寻。在吊着的一排救生艇下方的圆形窗孔里，也露出一张张面孔。

码头上有人还高高地举起国旗，就像迎接退伍士兵一样。洋人们的家属互相拥抱，挥舞着帽子。有一位日本姑娘，无视人们的喧嚣，独自一人倚在餐厅的墙壁上，悠然地读着外语书。码头的最前方，聚集着旅馆来的招徕旅客的人们。码头上不仅有前来迎接留学归来、穿着艳丽的人，还有看上去像是移民亲属的村里人、船员的家属，和睡眼惺忪的码头妓女。

已经能够看到船上人的模样了。轮船上下的人们感情交织在一起，顿时形成一股欢乐的高潮。这是相当纯洁而兴奋的时刻。或许是找到了自己等待的人，一位美丽的小姐踮起脚尖，又跺脚感叹道："啊，太叫人高兴啦，啊！"铃子在一旁看到此景，不由得受到了感染，高高挥舞起花束。竹内激动地说：

"哪儿，在哪儿？南条在哪儿？看见了吗？"

"没有看见。不知怎的，我太高兴了。"

"好好看看，在不在？"

"南条肯定认出我们了。"

"奇怪啊，好像没有看到南条。真怪！"

身旁的人都急匆匆地走下去了，竹内他们也来到了外面。那儿，等着上船的人已排起了长队。铃子和星枝被人群拥挤着，只好把花束举到了头上。

不久，上船的时间到了，他们也从B甲板上了船。原本以为南条会在入口处的大厅里等着，可哪儿都找不到他的身影。

“准是还在船舱的房间里。”

他们急忙赶到一八五号船室，门上用拉丁字母写了旅客南条的名字，但室门紧闭，敲门也不见回应。

接着，他们又在A甲板的散步区、吸烟室、图书室、娱乐室和餐厅等处匆匆寻找了一遍，依然不见南条的踪影。到处都是因重逢而喜悦的至亲、恋人、好友。他们在人群中挤来挤去，来回奔跑。竹内的脸色变得阴沉、难看起来。

铃子和星枝登上狭窄的舷梯，那儿有一个儿童游戏室。

“哟，还可以玩堆沙子啊。”星枝好奇地抓了一把沙子，而铃子却哭着跪在了狭小的沙坑里。

“过分，过分，太过分了！”

“有什么好哭的！”星枝紧闭嘴唇，攥紧拳头，“痛快！多么有趣呀！”

竹内的眼中充满了血丝，到办公室打听去了。

“一八五号房间的南条已经上岸了吗？”

“这么多旅客，我们也搞不大清楚。不过，这会儿值班的服务员应该还在船室附近，他也许知道。”办事员答道。

一行人又回到船室，问正在打扫的服务员，他回答说：

“客人好像都上岸了。”

一八五号的室门依然紧闭着。

在两侧都是船室的细长的走廊里，不见一个人影，唯有雪白的油漆发着亮光。

女弟子们等在大厅，面露不安。那里早已冷清了。竹内压抑着愤怒，苦笑着说：

“他好像已经上岸了，我们在岸上等就好了。”

也许就是那样。大概是为了防止拥挤，码头分上下两层，接人的从下面上船，旅客由上面登岸。码头与轮船之间搭好的渡桥也分成上下两层。也许竹内他们上船之前，南条已经上岸了。

旅客们的行李已不断地被运了出来。

快要下船时，星枝啪的一声把花束扔进了海里。铃子望着花束漂浮在波涛之间，茫然地凝视着自己手上的花束。

临港餐厅又热闹了起来，有人在做归国的即兴演讲。

他们出了码头的后门，一辆辆地检查了一遍汽车，还是没有发现南条的人影。向报社的记者打听，记者回答说，他们也在找南条，想请他谈谈回国的感想。

竹内或许难以忍受这种屈辱和激愤吧，再加上太过悲伤，他想单独待一会儿。

“对不起，失陪了。我还有点儿事。”他头也不回地走了。

女弟子们面面相觑。这时，星枝家的司机把车开了过来。

“回去吗？”

铃子嘟囔了一句。星枝用力地摇了摇头。

“不回去！”

“可是……”

铃子直直地望着竹内的背影，热泪盈眶，突然奔跑了起来。

“老师，老师！”她追了上去。

两个女弟子一脸尴尬地看着星枝。

“你不回去吗？”

“不回去！”

“那么，再见！”

“再见！”

星枝一个人再次上船，走到南条的客舱房间前，轻轻地倚在门上，一动也不动。她闭上眼睛，神情冷漠。

仓库红色的屋顶、街边树木的新绿、前方耸立着白色洋房的街道、来自海上的微风，均给人以爽朗、鲜明的印象。铃子的皮鞋声十分响亮，也许她是急着要去追赶竹内吧。她目不斜视，只顾往前跑。

“老师!”她赶上了竹内，险些撞在他的身上。

竹内感到意外，但很高兴。

“就你一个人吗?”

“嗯。”

铃子摘下帽子，甩了甩头发，擦着汗水。

“夏天到了。”

“天气真好啊。”铃子愉快地笑着说，“不知道星枝她们去干什么了，我一下子就跟在老师身后追来了。”

竹内没有吭声。铃子下意识地看了看竹内的脸色，走了起来。

“南条或许已在饭店里休息了。”

竹内走进新格兰饭店，也遍寻不见南条，便马上出来了。

“我们去吃午饭吧!”

在外面等候的铃子阴沉着脸，摇了摇头。

“那就再走走。”

铃子点点头。他们从绿树成荫的山下公园旁，走过垂柳摇曳的谷户桥，再沿着两旁有西式花店的坡道，朝着小山坡上插有气象站旗帜的地方走去。这时，传来了少女们合唱的赞美歌。两人便循着歌声，走进了外国人的墓地。

虽说是墓地，却显得格外明亮。翠绿的草坪上清晰地浮现出一块块洁白的大理石，草花点缀其间，在初夏正午的阳光下熠熠生辉，恰似一个洁净、整齐、快活而又静谧的庭园。在山丘的陡坡上眺望，右边停泊在港口里的轮船、海岸边的街道、伊势佐木街上的百货商店和远处的山脉，全都一览无余。

赞美歌是从山脚下的墓地传来的，演唱者大概是基督教学校的女学生吧。

杜鹃花盛开在入口处道路一侧的土堤上，那鲜艳似火的色彩似乎映在了大理石的十字架上。

女人衣服上的色彩，在草坪与空气的映衬下，看上去恰似一幅绚丽的图画。年轻姑娘身穿的日本和服，更是有种难以言喻的美。前方毫无遮挡，宛如漂浮在城市的上空。也许这儿也是横滨的一处名胜，不仅有前来扫墓的外国人，还有身穿漂亮衣服来游玩的日本姑娘在这儿流连忘返。

铃子十分稀罕地阅读着“为了爱妻的神圣回忆”之类的碑文以及下面镌刻着的《圣经》文句。也许是那些与墓中人相关的爱恋和悲哀感染了她，铃子不自觉地流露出质朴的情感来。

“老师，您说南条他是真的回来了吗？”

“回来了。因为客舱房门上确实写着他的名字。”

“他不会在途中跳海了吧？”

"怎么会有那种蠢事呢?"

"我真是难以相信，只觉得船室里装着的是南条的尸骨，抑或是他的幽灵。"

说着，她发现脚下有一座小小的坟茔，崭新的大理石上刻着百合花。

"啊，真是可爱。这是座婴儿的墓呀。"

她把一直无意识地握在手里的花束，随手放在墓前。

小小的墓碑跟前，有一片大理石围起来的花圃。里面不仅有种植的鲜花，还有扫墓人带来的盆花。

"星枝早就把花束扔到海里了。她才不像我这样始终拿着呢。我想，不如把南条的记忆扔进这个异国人的坟墓吧。"

"是啊。"

竹内心不在焉地回答着，走进了像岬角似的向外突出的草坪。刚才唱赞美歌的少女们已经沿着下面的山路回去了。铃子坐在竹内的身旁。

"老师，前一阵演出的那天晚上，我跟星枝约定，我们绝不与南条那种忘恩负义的人跳舞，也不去接他。可是老师说让我们去接……"

"行了，不谈了。"

"连老师也不打个招呼就踏上日本的土地，我想他不该是那样的人。”

“也许他有他的想法。可能有什么原委吧。总之，他确实是乘坐筑波号上岸回国了。即使找遍整个日本，也不是什么大不了的事。吃舞台表演这口饭的人不是能躲藏得了的。你一定要把他找出来。”

“我不愿意。”

“你不是跟他有过约定吗?”

“约定?”

“在南条出国之前呀。”

“没有啊，什么也没有。”铃子认真地摇着头，“只是送他到码头的时候，他说：‘在我回来之前，不论碰到什么事，也不要放弃跳舞!’”

“那你就遵守约定啊。即使把我这样的一把老骨头扔进墓地里，也要和南条一起跳舞。”

“老师，您可别说那种要与您分离的话。”

“那又有什么。艺术的修炼要比这更残酷，哪怕是自己的父母兄弟，如果没有见死不救的勇气是不成的。要抛弃无谓的人情世故。首先得抛弃自我。”

铃子久久地注视着竹内的脸。

“老师，您在骗人。”

“骗人的是你!”

“老师是一直在疼爱我的。”

“那倒也是。这五年来，你不是始终在盼着南条回来吗？现在他回来了，你却胡思乱想，害怕被他嫌弃，怕得浑身拘束，跳不了舞。甚至南条坐船回来没通知你，你就立马说起他的坏话，骂他是忘恩负义的神经病。这些都不是你的真心话吧？”

“是真心的。难道老师您就不认为南条做得太过分了吗？”

“我当然也生气。”

“但您还是来迎接他了。”

“是啊。为了让南条今后能关照你们，我忍辱而来。”

竹内嘴上说得好听，内心却感到悔恨、凄凉。原本他是打算让回国的南条做研究所的助手，以便重新聚齐人气，摆脱经济上的困境。但眼下的铃子是想不到这一点的，只是感动地点点头，说道：

“是啊。我完全理解老师的心思，所以才格外地遗憾。”

“为这种事遗憾也没有用。你一定要专注地在舞蹈这条路走下去。”

“那怎么办呢？”

“你应该是知道的。要把南条给抓在手里。要想方设法地把他在西方掌握的东西都学到手，要以吸干他生命的气势吞噬他。这不是一种复仇吗？要是南条真的背叛了你和我，要是他就是那么一个有罪的坏人，你就得与他同归于尽，倘若你还爱着南条的话。这样，你不就没什么可感到遗憾的了？我会为你们善后的。要永远不留遗憾地活着，也许这就是艺术的本质。你想了南条五年，却为了眼下这点小事玷污你纯真的感情，不是太不值了吗？”

铃子听着，哭了起来。

竹内说出与其年龄不相称的一番话。这既是对年轻一代的嫉妒，也是对已逝青春的悔恨，或许还有着对铃子的爱。可是，他看到自己的话居然引起她那纯真的回应时，便一下子站立起来。

“即便南条忘恩负义，社会上一定还是会有人为他的舞蹈喝彩的。”

铃子抬头望着他，追问道：“老师，您心里空落落的，不好受吧？”

“你这样子哭，不也是为了南条吗？”

“不是。我听了老师的话，心里不好受。”

“别往心里去。”

“可是，我从未想到老师对我竟会这般冷淡。”

竹内惊讶地看着铃子，随后若无其事地说：

“友田的家就在这附近吧？”

“嗯，星枝大概已经回家了。”

“过去看看她？”

铃子默默地摇摇头，起身走了。

当竹内和铃子正好到达外国人墓地的时候，星枝正倚在南条船室的房门上，呆呆地站立着，神情冷漠。

不一会儿，传来了钥匙插进锁孔的声音。星枝悄悄地挪开身子。门静静地开了。星枝正好被房门挡在后面。一个女人从门口探出头，看了看走廊。然后，南条从女人的身后走了出来。

南条拄着松木拐杖。

女人用手轻轻一推，房门就自然地关上了。

这时，南条和那女人都发现了星枝，不禁吓了一跳，一起站住了。不过，星枝与南条并不认识。

星枝靠在那儿，一动不动，只是低头看着脚下。

南条他们俩只好从她跟前走过。待他们走过几步后，星枝跟了上来。

女人不安地转过头，质问南条似的说：

“这是谁呀？”

“不认识。”

“撒谎。”

“认识的话，就打招呼了。”

“因为我在场，你才装糊涂吧。”

“开什么玩笑!”

“可是，她不是在等着你出来吗?”

“我真不认识她呀!”

“厚脸皮的，跟上来了。真讨厌!”

星枝没有听见两人的对话。她气愤地握紧拳头，捶了腰间两三下，然后紧紧地抿着嘴唇走了，好像与他们没什么关系一样。

船上，一个乘客也没有了。

码头上一片静谧，只有工人在搬运从船舱里卸下的行李。

南条和那女人逃跑似的出了码头的后门，乘上了出租汽车。

南条的右腿似乎有问题。

那女人看上去比南条年长，好像三十出头，是一位西式美人。

“小姐，您怎么啦?”星枝的司机拉开车门，诧异地问。

“跟上那瘸子的车，畜生!”

“是……刚才那两个人的车?”

“是的。绝不要跟丢了！不管它开到哪儿。”

被星枝的气势压倒，司机一边匆忙地开动汽车，一边问道：

“怎么啦？那是什么人？”

“舞蹈家，拄着拐杖的舞蹈家。真是奇妙，就像是哑巴歌唱家，太奇妙了！”

“您跟着他们要干什么？”

“不知道！”

“您来迎接的，就是他们吗？”

“就是。”

“那位太太是他的同伴吗？”

“不知道！”

“您以前就认识他们吗？”

“不认识。”

“只要看清他们的车牌，回头马上就能知道他们的去向。”

“你真啰唆，只管跟上就行了。真叫人窝心。”星枝粗暴地呵斥。

车辆不停地往前赶，离开了横滨市区，从藤泽穿过树林，前方赫然出现了一片明媚的大海。江之岛就在他们的眼前。

这段路很长，大概是前面的车早就发现了后车在跟踪，想甩掉星枝的车才绕了那么多的远路。

南条无法理解星枝的行为。看她的年龄，在南条离开日本的时候，不过十五六岁。他并不记得认识这样一位少女。再说，她刚才那一副冷漠的态度算是怎么回事呢？与其说是傲慢、倔强，毋宁说是接近虚无的美感，给自己留下了恐怖的印象。他真想停下车来问问她，干吗要跟踪前来。

那个女人只能怀疑南条与星枝之间隐藏着什么秘密。即便如此，一个看上去并不像坏人的年轻小姐，竟如此大胆地紧追不放，还是令人觉得不可思议。

星枝也无法理解自己的行为。

汽车从江之岛的入口处朝鹄沼方向驶去。这是沿海的一条观光车道，左侧是沙滩，右侧是平坦的松林，广阔无垠，一览无余。晴空万里，使得柏油路看上去就像一条白线，连远处的伊豆半岛上空也一碧如洗，清晰地浮现出富士山。涛声响亮，沙滩伸向远方。小松树低矮地齐聚，一副坦荡明艳的景观。还有一片松苗密生的沙地，种满了松树。

两辆汽车飞快地滑行，看上去真像在做惬意的兜风。

不一会儿，前面的车辆在辻堂的松林处拐进了一条便道，在一幢别墅的庭院里消失了。

后面那辆车减慢了车速，稍后也驶进了便道。星枝想看清门牌，便把身子贴近车窗，不料南条从门后跑了出来。那条便道很窄，连车都能碰到两边的松叶。星枝与南条就这样近距离地打个照面。两人好似可以听到彼此的呼吸，感受到彼此肌肤上的温度。

星枝顿时红了脸，紧紧地闭上了嘴唇。

“你是谁？有什么事吗？”南条尽量平静地问。

星枝缄默不语。

“你一直在跟踪我，追到了这里吧？”

“对！”

“你究竟是为了什么？”

“因为疯了！”

“疯了？是你吗？”

“对！”

南条十分惊讶地看着星枝。

“哼，疯了！有意思。我最喜欢疯子了。既然特地追到这儿，不如下车聊一聊吧。”

“没什么好跟你聊的。”

“对不起，不问清你跟来干什么，我是不会让你回去的。”

“告诉你我是个疯子。”

“别开玩笑啦，你这是想要愚弄我吗？”

“那是你的事情。我只想侮辱你！”

“你说什么？”

星枝示意司机开车，忽然又悲痛地闭上眼睛。

“拄什么拐杖？才不会受你的骗呢。”

南条目送着星枝的汽车离去，仿佛做了一场噩梦。

铃子正在教小女孩们练习基本功。

小女孩们的年龄跟上次那些跳《花的圆舞曲》时上台献花的孩子一般大。铃子教孩子跳舞十分拿手，又能亲切地照顾她们，所以常常代替竹内指导练习。

距这些小女孩不远的地方，三四位年龄大一点的弟子，或是将腿抬到横木上，或是在镜子中看着自己的各种舞姿，或是跳着一段设计好的动作。她们各自随意地练习着。

竹内正在客厅里与经纪人晤谈。

竹内刚刚收到南条的来信，脸上露出困惑的神色。信上说，南条右腿患有关节炎，要依靠松木拐杖才能生活，已无法靠舞蹈立足。自己已经成了行尸走肉，早已死了跳舞的心。一想到恩师的悲哀，就不愿让他看到自己的惨状。

以南条回国为前提制订的计划全都泡汤了。尽管没有得到他乘船回国的消息，竹内也毫不怀疑南条一定会回到自己的怀抱。所以，他打算从东京开始，然后在大阪、名古屋等地举办回国汇报演出。他已经与剧院签下了合同，约定自己率领弟子们进行巡回演出。

“可是，他自己不能跳了，指导排练总是可以的吧。拄着拐杖编舞、指导，这种悲剧性的宣传效果不是很好吗？”年轻的经纪人如是说。

“我不想出售悲剧的东西。南条他太可怜了。”竹内对此却不感兴趣。

“别说傻话。他特意学习了五年回国，完全可以当个编舞开辟新生活嘛。”

“设身处地地替南条想想，他也许是希望彻底忘掉舞蹈吧。总之，不见到南条是搞不清楚他的想法的。听说他还要来道歉。”

“你这种不负责任的温情，反而会害了南条。无论如何都要让他干呀。”

“究竟谁不负责任？你是不会明白的。”

经纪人直截了当地说：“也许现在不是争论这种问题的时候。你应该利用一切有宣传价值的东西，来摆脱研究所的经济困境。”情况的确如此。研究所已经付不出税金，钢琴也已被扣押了。与南条的信一起送来的，还有税务局的拍卖通知。

总之，不见到南条，一切都无从谈起。他们最终只谈妥了为日本浴衣做宣传这一件事。这也可以说成是一种巡回推销团性质的演出：去各地方巡演，由公司免费招待购买日式浴衣的客人观看音乐舞蹈会。这将是一场接连不断的漫长旅行。竹内对此并不感兴趣，但还是决定让铃子和星枝参加这次演出活动。

“还有，希望你对南条拄拐一事保守秘密。他连我都躲着，悄悄地上了岸。说实话，这事我连铃子都没说起过。”

竹内叮嘱完后，便与经纪人一起出去了。

一到排练场，他就看到铃子正随着唱机里播放的童谣，指导着女孩们的舞蹈。她边跳边做示范，好像自己也变成了一个孩子。

大一些的女弟子们，正在更衣室换排练服。

竹内看了一阵孩子们的排练，便走到铃子身旁说：“我出去一下，这儿拜托你了。”

“嗯。”

铃子让小女孩们继续练习刚才的舞蹈，自己来到里屋，帮竹内换衣服。

竹内一边打着领带，一边说道：“上次说的日本浴衣的旅行，已经决定让你参加了，虽说这件事多少有点儿庸俗。”

“不管怎么说都是一种学习。我只管认真地跳，我会拼命去干的。”

“是一次时间很长的旅行。”

“演出节目定下来了吗？”

“由于是在乡下巡演，或许通俗一点、热闹一点的舞蹈更好些。不过，演出就照你喜欢的去做吧。”

“好的，回头我考虑一下，也选好所需的服装。”铃子把竹内送出门，“要下雨了，老师，您早点回来。”

她返回排练场，闻了闻手上竹内的排练服，把它扔进了浴室，又回来继续指导女孩们跳童谣舞。

终于，孩子们都回家去了。

空荡荡的排练场里只剩下铃子一人。

她倚靠在钢琴上休息，一只手不由得敲击着琴键。接着，她挑了一张唱片，静静地听着。半支曲子过后，她突然激烈地跳起舞来。

她打开壁橱。它像一个嵌在墙内的大衣柜，里面挂满了舞蹈服装。铃子一件件地抚摸着衣裳，不禁回想起桩桩往事。忽然，她快速地从中取出两三件来。

大概是为了旅行做准备吧。她检查着捧出来的衣裳能否马上就可用。服装上仿佛晃动着舞台的幻影。铃子又想跳了，便在排练服上套上了舞衣。

已近黄昏，天似乎下起了雨。

排练场内越来越暗，墙上整面的大镜子浮现出来，上面映着铃子的舞姿，如水中游鱼。

门口传来了敲门声。

铃子正在跳舞，没有听见。留声机也在放送着音乐。

门轻轻地开了，有人进来，安静地看了一阵她跳舞，铃子竟然没能发现。

铃子正摆出一个阿拉贝斯克的舞姿，听见“咕咚咕咚”拄着拐杖走来的声音，便吃惊地停下来。

“啊，是南条？是南条啊！”她慌忙地跑了过去，差点跌倒了。

“你回来啦，到底回来了！”

“是铃子吗？”

“太令人高兴了！”

“都认不出来了，你变得这么出色了！”

“啊，你终于回来了。可是，多不像话呀，你太不像话了！”铃子摇晃着南条的身体。当她碰到拐杖时，不由得一惊，缩回了手。

“呀，这是怎么回事？你受伤了？”

“老师呢？”

“是受伤了吗？站着没事吗？”

“没什么。老师呢？”

“到底是怎么回事啊？”铃子说着，不安地搬来一把椅子，“我们到横滨去接你了，可怎么也找不到你。当时我真是难受。”

“我躲在客舱的房间里。”

“躲？”铃子脸色煞白，盯着南条说，“你在房间里呀，我们那样敲门……原来你就在里面。你真是可怕。老师也一起去了！”

“老师呢？”

“出去了。你打算怎么向老师道歉呢？你实在太过分了。”

“所以，我才来与老师告别。”

“告别？”铃子简直不相信自己的耳朵。

南条平静地点点头说：“我是一只忘了怎么唱歌的金丝雀。你也看见了，我已经不能跳舞了。”

铃子半晌说不出话来。

“见不到老师也好，反倒不难受了。铃子能否替我好好向老师赔不是？你可对老师说，南条不去自杀，而是回到国内，已经算是不错了。”

天色越来越暗了。

“对不起，我……”铃子还没说几个字，眼泪就已滚落下来了。接着，仿佛是在召唤远方来客似的，她自言自语：“不能跳舞也没关系，不能跳也没关系啊。”

她的话大概渗透到了南条的心中，他沉默了。

“我在等待，始终在等着。我是在等待南条的过程中长大的。”

“可是，不论是对老师还是对你，我已经是一个完全没用的人了。”

“不，我们需要你，我需要你！”

“我对你能有什么用呢？我又能干些什么呢？”

“能，即使什么也干不了，也还有一样。”

“是爱吗？”南条的话噎住了，“不过……是的，你和我能够做的，只有情死一项了。”

“死也无所谓。”铃子哭了。

“别这样哭！这儿有个人比你更加悲惨，他连哭也哭不出来。”南条从椅子上站起，“我觉得你以前不是这样爱动感情的女孩呀！”

“你这是偏见，我知道，你渴望我的爱情。”

“天变得黑了。你让我看看令人怀念的排练场，我就回去了。”

南条摸索着打开自己熟悉的开关，室内一下子亮起来，他像是吓了一跳。

他面对着的墙上正好挂着星枝的照片。虽然只是一张半身舞台照，但一眼就能认出来。

“那个疯子。”他不禁喃喃自语，然后若无其事地看着照片说，“好漂亮的女孩，也是老师的弟子吗？”

“对，她叫友田星枝。最近老师为我和她举办了一场联合汇演。星枝也去横滨迎接你了。”铃子擦了擦眼泪。

南条看了一圈挂在墙上的照片，说：

“好像弟子还不少，研究所的情况如何？”

“不好过呀！亏你还想到问这件事。为了让南条去留学，老师把这房子都抵押了，你已经忘了吧？还有之后寄的学费……”

“这我知道。”

“师母去世了，这你不知道吧？”

“是的。她比我的亲生母亲还要疼爱我呢！”

“还有老师，不知怎的，他好像一下子就羸弱了。”

“是吗？”

“他说等南条回来，自己就可以安心引退了。这是他唯一的指望啊。老师好像打算把研究所交给你。”

“请转告老师，南条连自杀都做不到，就回来了。”

“你到底怎么啦？”

“你是问这条腿吗？我的关节不行了。”

“你说不行，是脱位还是骨折？痛吗？治不好了？你说呀！”

“我下半辈子就靠这条腿了。”南条用拐杖咚咚地敲着地板说，“木头腿还能跳舞吗？”

“什么呀？这玩意儿！”

铃子冷不防地踢飞了拐杖。遭到这意外的打击，南条摇晃着，差点儿跌倒。铃子敏捷地将他的右臂绕在自己的肩上，扶着他说：“你可以把我当作腿，不是用木头腿，而是用人腿走路。不是能走吗？是吧，不是能走的吗！”

她温柔地引导着南条走动。

“老师一直把你当作自己的孩子看待，孩子有了残疾，就不容忍他，有这样的父亲吗？”

“谢谢！我也想用温暖的人腿走路。”南条悄悄地离开铃子，捡起了拐杖。

“向老师问好。我不见他了。”

“我不让你走！”

铃子追上去缠住他。南条倚靠在钢琴上，用拐杖头使劲地敲击钢琴后面的西式大鼓。

鼓声惊得铃子松开了手。

“我要你睁开自己理智的眼睛！”南条说。

铃子忽然琢磨：他说的“你”，究竟是指他自己，还是在指我。就在这时，南条已经走到门外了。

“你上哪儿去？在下雨呢。现在你住在哪儿呀？”

铃子追了出去，没想到外面有车等着，汽车开走了。

她恍惚地回到了排练场。

不知想到了什么，她大声呼喊："铃子！"

同时，咚的一声，用力击打大鼓。

"铃子！"

她又猛击了一下。

然后，她扔掉鼓槌，麻利地脱下衣裳，到浴室清洗竹内的排练服了。

浴室里镶着白色的瓷砖，显得十分洁净。

铃子洗完那一件排练服，伸了个懒腰，站在那儿稍作思考，便跳进了浴盆。温暖的池水拥抱住她的全身，她忽然间微笑起来，随即把池水浇在脸上，又无意地看了看自己的胸部和肩膀。

电话铃声响起。

铃子吓了一跳，环视一下四周。

她将排练服披在湿淋淋的身上，跑去接电话。静谧的房子里，电话铃声急切地响个不停。

铃子的心跳得厉害，话音也好像卡在了嗓子眼里。

"喂喂，这儿是竹内家。"

"啊，是铃子呀，就你一人在？"

"星枝？是星枝吗？"铃子松了一口气，"对不起，我正在洗澡呢！"

"嗯，外面在下雨呢！"

“在洗澡，在浴室里呢。喂，喂，你是在家里吗？是从家里打来的吧？后来怎么不见你的踪影，那样可不行！你怎么啦？”

“你是说今天？”

“是。”

“我用望远镜在看海港。”

“讨厌。一直没见到你，我担心哪！”

“筑波号今天又起航了。”

“筑波号？是的。”

“我说呀，那个叫南条的人，有点奇怪呀。”

“是的，他刚才来过了。我正想对你说呢，他也怪可怜的。他的腿瘸了，变成了瘸子，懂吗？他是个瘸子，已经不能再跳舞了。他说他一直躲在客舱房间里。”

“是呀。”

“他不想让人看见，我觉得也不能勉强。他是来向老师赔不是的，让我转告老师，说自己没自杀回来已经算是不错了。老师不在家，他是来告别的。”

“他还是拄着拐杖吗？”

“是啊。我吓了一跳。正好是傍晚时分，他像个幽灵一般地进来，站在昏暗的排练场上。”

“结果怎么样啦？”

“怎么样？你说南条吧？要是他的腿没法跳舞了，以后该怎么办呀？”

“铃子，你又哭了吧？”

“他不肯好好听我说话，已经有不想活下去的意思，情绪很灰暗。”

“撒谎，哪有的事！”

“撒谎？可是他说是来告别的。老师也不会不管的吧。”

“所以我才说他撒谎。我看，他那拐杖就是装个样子的。”

“什么？不是的。你没有听清楚吗？你那儿在放唱片吗？”

“是啊。”

“你听我说，南条是拄着拐杖来的。”

“我知道，我看见了。”

“嗯，我也看见了。他刚走。哟，怎么星枝你也说看见他了呢？”

“是啊，所以我才打电话给你呀。”

“见到南条了？你是在哪儿见到他的？是真的吗？快告诉我呀。”

“我正要告诉你，可是你一个劲儿地说个没完。我一直等到他从客舱房间里出来。”

“你一直等着？那时，他没有拄着拐杖吗？”

“拄着的。”

“那是装的吗？你为什么说是装的？”

“不为什么。”

“请你说得清楚些，我难以相信。你怎么知道那是装的呢？”

“我只是那样认为。”

“你为什么要那样认为？真奇怪，他又何必拄着拐杖装瘸子呢？”

“不知道，或许因为他是和一个女人一起回来的吧。”

“女人？”

“喂喂，铃子呀，你看见南条的时候，他真是瘸的吗？”

“是啊。”

“那也许他是真的瘸了，是我搞错了。”

“我一会儿去你家行吗？要是晚了，就让我住一晚。”

“好的。”

“老师还有点儿事呢。”

“我说呀，铃子你是怎么想的？是想和南条结婚，还是作罢？”

“哟，哪有的事啊。”

“不过，一个瘸了腿的舞蹈家没有什么用了。对你而言，舞蹈远比结婚重要吧？万一你被南条的拐杖把戏骗了，以为跟他在一起就再也无法一起跳舞也是出于无奈，那可不行啊。所以我才给你打电话。”

“星枝，你说的我一点儿也不明白。你说你那时一直等着，就你一个人一直等到南条从房间里出来吗？”

“是啊！”

“你那是打算干什么？尽干些叫人奇怪的事。”

“就是嘛。南条也质问我为什么跟踪他，我回答他说自己疯了。他跟那个女人去了辻堂一个叫森田的人家。”

“森田，森田，是在辻堂的？星枝也一起到了森田家吗？”

“不是一起，我只是跟在他们后面。”

“辻堂，你一直跟到了辻堂？”

“喂，喂，你怎么啦？马上过来吧，我叫人去车站接你。”

“不过，今晚就算了。还有，旅行的合同谈妥了。因为南条的关系，许多预定的计划都被打乱了。老师也真是可怜，这是一次宣传日本浴衣的巡回演出旅行，你也得帮老师的忙。我跟你一起去。连这个电话，也都是别人的了。”

“我不愿意，什么浴衣推销的宣传！”

“可是，你不去的话，老师会为难的。”

说完，铃子咔嚓一下挂断了电话。

林中传来了手枪声，断断续续地响了四次。

最后一发打完，跟着传来了男女的欢笑声。但是，只有星枝一人拨开绿叶枝条，来到庭院里。

树林和庭院的界线并不分明，庭院被树林包围着，可是有一侧的边上是一条小路。

小路的对面是桑树林，透过桑叶的缝隙可以俯瞰山谷。山谷的小溪边有几块水田，泛着幽寂的光。知了好像想起什么似的，不时地鸣叫着。

这一带是温泉浴场，似乎成了冬季滑雪、夏季登山的大本营。这幢别墅虽说简朴，但与所处的位置十分般配。它与附近的旅馆隔着一段距离，处于僻静的高地，有一种山中独居的感觉。

星枝对于狩猎正在兴头之上，那样子甚至有点野蛮。她以一口要将野生果子咬碎一般的眼神，冲出了树林。她身上穿着轻便的散步服，相当合体，只是因为动作过于奔放，好似兴奋的情绪就要爆发一样，才显得不大协调，像是要发生什么危险似的。

她跑着跑着，踢飞了鞋子，大步跳跃两三下，又连续急转几圈，重重地摔倒在地。

院子里的草坪好像没人修剪，杂草丛生，与树林相连。一片绿色之中，星枝白色的身影静静地躺着。

星枝支起一条胳膊托住脸庞，仰起头。夕阳从正前方照射过来，淡淡的云彩朝着与阳光相反的方向飘去。星枝眺望着远方的落日，像在希冀着什么东西，泪盈满眶。

她自然地以舞蹈的姿势站起，跳起了舞。

与其说是跳舞，更像是无意识的即兴舞蹈，只是随心所欲地把基本动作串连起来而已。

星枝来到夏季舞鞋掉落的地方，正要将其捡起，忽然看到前方有个人影躲进了小路旁的树林里。

她朝小路跑去，看见一个瘸子正慌张地往山下走。星枝发现他后并没有停止追赶，只是放缓了脚步。那人今天拄的不是松木拐杖，而是白桦木拐杖。

南条回过头，微微一笑。

“又来跟踪我吗？”

“是啊。”星枝冷冷地回答。她与其说是正面直视着南条，还不如说是瞪着他，眼里又透着先前那种野蛮的劲。

南条却是十分激动地说：“真是与竹内老师一模一样啊！”

“没礼貌。”

“哪里，或许是我表达不当，但这对我来说实在是令人怀念，因为竹内老师的舞蹈是我少年时代的全部希望和憧憬。因此，我是在赞美你呀！即使不能说你就像老师，但我还是要承认你是天才。”

“我是说你偷看人家没有礼貌！”

“那我向你道歉。不过，跟踪一个躲在船上的人一直到过堂，还到了这边的山中，究竟是谁没有礼貌呢?”

“装瘸的人没有礼貌。”

“装?”南条惊异地看着星枝，微微一笑，在路边坐下。

“你的松木拐杖哪儿去了?”星枝冷淡地问道，并不是在嘲弄。

“我呀，对舞蹈已经断念了，厌倦了。不过，星枝小姐你非要追踪我。”

“我不记得追踪过你。”

“那么说，是舞蹈在追踪我?难道是舞蹈还没有放弃我?对我来说，你仿佛就是舞蹈之神派来的使者。”

星枝靠在路边，穿上一直拎在手上的鞋子，生硬地说：“舞蹈，神，我都不喜欢。只要知道松木拐杖是装装样子的，就可以了。”说完后就想离去。

“在过堂时，星枝小姐说：我只想侮辱你！你指的就是这件事吗?”南条起身走来，那条腿依然是一瘸一拐的，“我在研究所看到照片后才知道你叫星枝，你也到横滨去迎接我了吧?我当时的行为的确怯懦，但我为什么要躲在船上呢?我想现在我可以说了，因为就在刚才，你的舞蹈感动了我……对了，请你不要躲我。”

“是你一直在躲避。”

“是的，我是想躲避跳舞。”

“舞蹈怎么着都行。听说铃子后来到辻堂那户人家去看你了，屋门是锁着的。原来你躲到这深山里来了。”

“躲？这儿可是有名的温泉景区，对我的神经痛和风湿病极有疗效。幸亏来到这儿，我的腿好多了。”

星枝不由得回过头，用女人温柔的目光惊奇地看着南条的腿。不过，她马上又表情严厉地板起面孔，嘴巴抿得紧紧的，生气地加快了脚步。

“刚才的枪，是星枝小姐打的吗？”

“是我父亲。”

“啊，这么说来，刚才在这儿遇见的是令尊呀。我正稀里糊涂地走着，突然被枪声吓了一跳。那时，星枝小姐正在跳舞吧？我似乎有所醒悟，我体内已经腐烂、死去的舞蹈竟一下子复活了。”

星枝突然问：“能够治好吗？”

“你问我的腿吗？当然治得好，但不知道是否能够好到跳舞的地步。”

“行了，请回吧。”星枝喊叫道。

南条忽然闭上了眼睛，额头上青筋颤动。

两个人不知不觉地走进了刚才的庭院里。

“你再跳一次让我看看好吗？”

“不好！”

南条的目光从庭院往树林上空扫了一圈，说：

“在大自然中，鸟儿鸣啭，蝴蝶起舞，能像它们那样随心所欲地舞动，才是真正的舞蹈。在舞台上跳舞是一种堕落。刚才我在那儿看你跳，就很想与你一起舞动，于是身体自然而然地动了起来，活像墓地中的死人翩翩起舞一样。”

星枝不由自主地朝后面退去。

“不过，从舞蹈的层面看，我已经是个死人了。这样的我，现在居然这么想跳舞，真是做梦也没想到啊。你再跳一次让我看看好吗？”

“不好。真是吓人！”

“就摆个造型给我看看好吗？”

“我说过了，不行！”

“那么，我来跳上一段试试？”

“请吧！”

星枝脱口而出，既惊讶又恐惧地看着南条。

“这可是瘸子舞哟！”南条笑着说。

他的表情似有所动。夸张地说，那是善与恶、正与邪快速掠过的影子。

他有些犹豫，不知该怎样处置右手的拐杖，但很快便举起左臂，拖曳着瘸腿舞动起来。

那是一种带着凶兆的奇妙的舞蹈。他单臂舞动时美极了，美得令人悚然。

但南条还没有跳上十五步，就突然停住了。他坐在庭院的草地上说："就像是妖精或魔鬼在跳舞吧。"

星枝站立在庭院边上的白桦树荫下阴沉着脸，沉默不语。

"与星枝小姐的舞蹈相比，简直就是背阴与向阳的区别吧。主要还在于我内心的灰暗。你看了我刚才跳的舞，应该能明白我想再看一次星枝小姐跳舞的心情吧？"

"这么说，你是认真的？"星枝嘟囔着，声音轻得只有自己听得见。

"认真？我正站在生与死的边缘，一生的十字路口。从孩提时代起，我就沉迷于舞蹈，这或许就是命中注定的。我只有在看到舞蹈的时候才会明白人类的美好、人生的可贵。"

"我讨厌看别人一本正经的样子，也讨厌自己一本正经的样子。即使是在舞台上跳舞，看到很认真地在观看演出的观众，我也会受不了。要想认真的话，我只想在一个人的时候认真。"

"你也是个可怜的疯子。"

"就是！一开始我就说过了，在过堂的时候。"

"我喜欢疯子。当时我也说过的吧！舞蹈，也许就是这样。要把满是尘埃的灵魂，用前人所说的比灵魂更肮脏的身体动作去表现，还要表现得无比纯洁，那只有疯子才能做到。”

“我不再跳舞了。”

“不跳了，为……为什么呀？”南条不解地望着星枝，“为什么不跳了？能对我说真话吗？”

“要是一直这样跳下去，总觉得自己会变成另一个人，不由得感到害怕。一跳舞，我就会变得认真起来，可过后又会感到寂寞。”

“这就是艺术家，就是天才的悲哀呀！”

“别胡说！我不想从中获得什么，艺术这种东西对我来说也没有那么可贵，我只是希望一个人独自活着。”

“这是星枝小姐的美丽，你那美丽的身体让你能讲出这样的话来。”

“我只想平凡地生活，除此之外，并无自由可言。”

“要结婚吗？”

星枝没有回答。

“刚才还看到你生机勃勃的舞姿，却不知道你的心中为何感到疲惫，真叫人难以理解。”

“你又没礼貌了。我有什么好疲惫的？”

“你受伤了，没错，你受伤了。”

“我没有受伤。是你那命中注定的艺术有色眼镜在作怪，真叫人讨厌。所以我才不再跳舞。既没有疲惫，也没有伤害，证据就是不再跳舞了。”

“那么刚才的又是什么呢？”

“那个嘛，是游戏，是小孩子又蹦又跳的游戏。”

“在我看来那就是舞蹈，是生命美妙的律动。”

“那是因为你在装瘸。”

“所以嘛，我才想再看一次星枝小姐的游戏，我不是一直在这样求你吗？因为你的舞蹈中有着求神拜佛的奇迹，能让瘫子重新站立起来。”

“我还讨厌奇迹。”

“借着你的蹦跳劲儿，我就能甩掉拐杖。凭着你的力量，我或许就能站立起来。”

“你还是凭自己的力量快速站立起来吧。倘若我的游戏具有使瘫子站立起来的力量，那么用你的舞蹈治愈自己的瘸腿，岂不是更容易？”

“是吗？”南条的眼中闪着敌意，但随即又显示出毅然决然的样子，“那就照星枝小姐所说，我来跳上一个吧。”

“你怎么着都行。”

“你这样冷酷的观众，或许对我来说正合适。”说完，南条又用右手拄着拐杖，拖着瘸腿跳了起来。

但与刚才不同的是，这次由于愤怒，身体显得不太连贯。

“我本来打算这辈子再也不跳舞了。”

“为什么？”

“因为我……热爱舞蹈，也因为……我多少……真正理解了舞蹈。”

南条断断续续地讲着，舞蹈动作也渐渐变得激烈了。

他的舞蹈，像是沉积了多年的淤物翻滚着，马上就会喷涌而出一般。

星枝被他的舞姿吸引，眼中发出好奇的目光。

那目光，从对丑陋之物的厌恶，转变到对危险的担忧，到最后竟有一种不安的胆怯，让她用左手抓住了头上的白桦树枝。南条依然拖着瘸腿，但手脚已能轻松自如，动作也自由奔放起来。

他的动作激烈，跳得越来越快，越来越美，闪着流光。

星枝握着树枝的手渐渐用力，不知不觉间把树枝向下拉到了胸前。白桦树枝弯成了弓状，眼看就要折断了。

“星枝小姐，游戏，你教我的游戏，好痛快呀！”

“太棒了！”

南条停住舞步，忽然看了看星枝，接着又向她跳了过来。

“游戏不是看的，是一起玩的，请你也跳起来吧！”

星枝缩起胸部，好像要护住自己的身体。

南条又朝着对面舞去。

“能跳啦，我也能跳啦！我在舞蹈中复活了。”

他跳的很像是原始人、野蛮人，或是某种蜘蛛、鸟类求偶时跳的舞蹈。

星枝仿佛听到在给南条的舞蹈伴奏的音乐越来越近，越来越高亢。

南条转过身来说：“古人云：人舞君亦舞。”

“可是你还在装瘸，并没有扔掉那骗人的拐杖。”

星枝温柔的声音颤抖着。

南条很快就跳了过来，拉起星枝的右手，催促说：

“只要有活拐杖就行……”

星枝像是遇到了突袭，不管南条怎么使劲拉扯，都忘了松开手里紧抓的白桦树枝。

树枝被她拉断了。

星枝失去了支撑，咚的一声撞到了南条的胸前。

“不要，不要嘛！”星枝装出要用树枝抽打南条的样子，可南条并没有举起长长的拐杖。

南条打了一个趔趄。

他拄着拐杖站稳后说：“若有温暖的人拐可以依靠，还要这种玩意儿干什么！”

说着，他便用力将拐杖高高地扔了出去。

然后，他又邀请星枝跳舞。

星枝望着被扔出去的拐杖，突然间露出了不应有的娇羞。

她自己似乎并未发现娇羞的神情，随后脸上一下子羞得通红了。

南条拉起她的手，像是在引导她。两人缓缓地跳了起来。

星枝开始时还有点抗拒，后来慢慢地跟上了节奏。不久，两个人的身体就汇成了一股热情的激流。南条加快了舞蹈的动作，嚷道：

“站起来了，看啊，我的腿真的站起来了！看，就像这样！”

他没有放开星枝的手，而是围着她又转又跳，好似烈焰的旋涡裹挟着她。突然，他将星枝抱了起来。

然后，他粗野地跑进了树林。

他轻轻地抱着星枝，一点儿也不瘸，就像他们的舞蹈还在继续似的。

暮色降临，鸟群像是被晚风追赶着，飞进了庭院。

两人跳着脱去了舞鞋，南条连上衣也脱掉了。树林投在它们上面的影子，在晚风中轻轻地摇曳。

马驹从山路上下来，它大概是要去马市。

马主人骑在母马上。马驹没拴缰绳，嘚嘚地跟在后面，显得乖巧而可爱。

三四个村民，每人背着一捆细细的青竹走过。

一旁的小山上像是建了个游乐场。小学生们在上面做游戏，传来了童谣的歌声。那合唱声，听上去好似有一百多人。

那座小山临着一条溪谷，南条始终坐在岸边，时而心神不宁地回头看着路边，时而眺望着近处群山上涌动的夏季云彩。

星枝与父亲并排地走了下来。

父亲仰望着响彻童谣的小山，说道：

“孩子们都来了！”

看到星枝与父亲一同前来，南条缩进了微暗的芒草丛中。

日光强烈，似乎让星枝感到不安。她察看着周边的情形。认出南条时，她不由得加快脚步想走过去。

父亲正在观望对面的山峦，没有发现南条。

“是借住在胜见家的那帮小孩子，都是些来自东京的孱弱小孩。想到胜见那蚕种培育场成了小孩子们的宿舍，就觉得遗憾啊。”

星枝心不在焉地听着。

“但是，总比让这么大的仓库变成蜘蛛窝要强。胜见也有胜见的做派，这样或许更好，把培育蚕的后代改成培养人的后代。胜见常说，为社会服务，为国家做贡献。他是无偿租借的。就连办葬礼也是如此。我记得当时曾对你说过，他是蚕种界的翘楚，甚至得到过总裁宫二万日元的奖励。作为一个不仅在地方上，而且在中央的蚕丝工会中也举足轻重的人物，他的葬礼说起来也太寒酸了。虽说他本人以一介村夫自居，但简朴也该有个度。很多从东京前来的蚕丝界名流参加了他的葬礼。我作为他的朋友，都觉得不好意思。据说他在遗嘱中说，已将丧葬费捐给了村里。对于所有事情他都是这个做派。”

“是吗？”

“近来孱弱的孩子似乎真不少呀！”

“是的。”

“以前，每年都有学生到胜见这地方来，他们都是蚕丝专科学校的学生，到这儿来实习。为了研究蚕种而去周游世界的怪人，恐怕也就只有胜见了。因为人望高涨，常常被选入县议会担任议员。但是，由于忙于蚕业，没有时间兼顾政治。他说，还是蚕的研究对国家有用。他一辈子与蚕打交道，再也没有像他那样令人钦佩的人了。他不是一个利欲熏心的人，我真的很喜爱他。”

绕过小山的山脚，首先展现在眼前的，就是胜见家蚕种培育场的白墙。

那是一座两层楼的仓库，用石头精心地垒砌起来，高高地耸立在河岸边，宛如一座城堡。两排窗户像是白墙上的裂缝，全部敞开着。窗户上安有隔扇。

从仓库的一端拐过去，就是风格古老的居住用的平房。相比之下，还是仓库造得气派很多。

“那里面的标本和研究书籍，现在已成了空怀之宝，用不着了。我打算劝他们捐给专科学校或者蚕丝会馆。”

“他们为什么不再搞育种了呢？”

“胜见死了，他的儿子又是那副德行，要想把胜见的蚕种信誉保持下去绝非易事，那需要不断地进行新品种的研究，也不能在改良品种的竞争中失败。与其去培育有损于胜见名誉的蚕种，不如干脆停业，这样还能对弱小的蚕种商进行扶持。这大概就是他太太的想法吧。”

“能够帮助弱小的蚕种商，倒也是一件好事！”

“糊涂！重要的是能够培育出优良的品种，使蚕宝宝长得更好。你要是像那些孱弱的孩子一样，只会讲些没有见识的话，还不如去玩玩手枪！”

“手枪？”

星枝轻声地说着，仿佛这让她想起了一场噩梦。

“是的。昨天打中了很开心吧！在这样的天空下，山里的空气会不一样，发出的枪声也会不同。今年冬天，我带你去打猎吧。”父亲仰望着晴朗的天空，“再说，一个女人家要使唤那么多人，也不愿去操那份心。因为家里有的是财产嘛。她知道家里有多少现金，股份也和地方上有关系，而山林又多得数不过来。”

“回去打枪吧！”

“要对你妈保密。这个仓库或许还会重振雄风。过去干活儿的那些工匠，说是工匠，其实就是胜见的助手，都是这一行出类拔萃的人物，他们想再恢复胜见的蚕种，跑来找我商量。真不愧是胜见的弟子，对研究也十分投入，但就是在经营育种场上比较外行。”

“所以父亲会去做吗？”

“不是什么大生意。先去劝劝胜见的太太，接下来再考虑一下经营的形式，建立一个小公司之类的。”

“这与那件事有关系吗？”

“那件事？是指你的婚事吗？别说傻话！孱弱的小孩子才会心胸狭窄地乱猜疑。只是胜见的儿子迷上你罢了，也是挺可怜的。不过，那孩子倒也不蠢。”

父女俩来到胜见家的大门口。

宽大的庭院里古木参天，从中可以看出它有着悠久的年代，不愧是素封之家，静谧、优雅。

远看并不华美，但来到门前一看，房子显得古雅迷人，幽暗中透着高贵的气息。

“胜见蚕种培育场”的大招牌，依旧挂在仓库的白墙上。

“要不要顺便进去看看以前的老建筑？我们可以坐下一趟公共汽车，反正傍晚之前到达就行。”父亲停住脚步说。

星枝轻轻地摇了摇头，看着父亲的脸说：

“能不能请您把那件事给回绝掉？”

“嗯。”

父亲看了看星枝，示意说好吧，随后走进了胜见家的大门。

星枝抬头看了看仓库，然后快速地走开了。

走下坡道，就是温泉浴场。

南条躲躲闪闪地跟在后面，看到只剩下星枝一人时，飞也似的赶上来。今天他又拄上了松木拐杖，看上去像是在飞奔。

来到温泉大浴场跟前，南条高声叫喊道：

“星枝，请等一下，星枝！”

那是村子里的公共浴池，是一幢寺院风格的建筑。为了排除温泉的蒸气，屋顶开了个格子窗，上面还有一个小屋顶。

村里的孩子们正在一旁的树荫里玩耍，听到南条的叫声，都齐齐地转过头来。

星枝呆立在原地，先是垂下眼睑，再冷冷地睁开眼睛。

“又拄上松木拐杖了？”

“我是从后面追上来的，你不晓得吗？”南条喘着气爽朗地说。

“我知道！”

“在报纸上看到竹内老师要来，我想你一定会去镇上的，所以我上午就在游乐场下面等着你。我真想见见令尊，去求他，但又觉得那样过于唐突，同时也想先确定星枝的心思。”

“你想求我父亲什么呢？”

“求什么？在这之前，我必须先求星枝好好理解我，还有这根松木拐杖。一开始，你就说这拐杖是用来装样子的，非常讨厌和藐视拐杖。然而，让我抛弃拐杖，让我第一次用自己的腿站起来的，也是你星枝啊。我要感谢这爱的魔法拐杖啊！”

“它是恶魔的拐杖啊！”

“它是法国制造的。它跟着我从法国走到美国，是件令人怀念的东西啊。现在有了温暖的人来代替，我终于能与它分别了。昨天要不是看了星枝的舞蹈，恐怕它一辈子都会缠着我。”

“那是神话。”

“神话？”

“对，希腊神话的舞蹈。”

“啊，对呀！那的确是希腊姑娘所跳的舞蹈，它一定能让我在舞蹈中获得新生。听说邓肯[1]就是回归了希腊舞蹈的精神而令舞蹈再生的。”

“我可不是神话里的希腊姑娘。我的意思是说，那舞蹈是神话。你就把我当作一个可怜的疯子吧。”

“什么？你是在说那只是我中了魔法？身份有别？我爱你只是妄想？”

“那只不过是舞蹈，昨天就说过了。我不会再跳舞了，我害怕。那是舞蹈吗？我已经真正地醒悟了，平静了，想过平凡的日子。这一辈子也不想再跳舞了，请你原谅我。”

“你那是懦弱！”

---

1 邓肯（Isadora Duncan，1878—1927），美国女舞蹈家。现代舞派的创始人。穿希腊风格的服装，赤足跳舞。著有自传《我的生平》。

“南条，你今天不也拄着松木拐杖吗?”

星枝转身进入了车库，像要逃跑似的。但她从南条的神态可以看出，他一定会一起上车的，于是又从里面跑出来，朝后面的近道跑走了。

南条并不介意星枝的举动，紧紧地跟随着。

河岸上满是白色的石头。温泉旅馆的窗户或是院门全都朝这边敞开着。

河流的两岸小山重叠。星枝眺望着河流的下游，猛然觉得背脊上冒出了冷汗。

“你老说拐杖、拐杖的，我想说的，正是那玩意儿。你能否好好想一想，我突然舍弃从法国带回来的松木拐杖，能那样地跳舞，究竟意味着什么呀？那可是奇迹的瞬间啊……”

“我讨厌奇迹。”

“那是你胆小。奇迹绝不是鬼神的妖术，而是生命之火在燃烧呀。只要跳起来，就能马上达到那种境界，让我觉得自己是被上天眷顾的人!”

“我讨厌那样!”

“星枝，你又像昨天那样，惧怕起自己的天才了。”

“是啊，我没有理由改变昨天的想法。”

南条惊诧地看着星枝说：

“这种廉价的谎言，只要跳上一个舞，就会像梦一样被忘得一干二净。”

“什么谎言？”

“当然是谎言。除了舞蹈，全都是谎言。你就是那个说谎的人，你没资格嘲笑我的松木拐杖。你故意给青春年少的自己拄上拐杖，用绷带缠上自己的心，以此来逞强。这才叫说谎。我不在国内时，难道日本的小姐全都变成这般模样了吗？”

“是的，我就是这么想的。你是不是在国外待久了，尽管你说得天花乱坠，我却一点儿也听不懂呀？”

“是吗？我们想说的，昨天在舞蹈里已经做了充分的沟通。舞蹈家只能用舞蹈来交流，语言是多余的。尽管你我都在说不跳了、不跳了，可是倘若没有舞蹈，我们是活不下去的。难道你不认为，这就是最好的证明吗？”

“那就是神话，不是我的责任。”

“我很清楚，你是想说‘我又不爱你’。然而，爱一个人，对星枝来说会如此苦恼吗？”

“那是你的误解！”

“我想说得更直截了当些。也许我得先向你道歉。我是那样地高兴，做梦也想不到自己会突然被推入深渊。令人难以相信。倒是你误解了我。首先说说这松木拐杖。听说令尊是做生丝贸易的，府上又在横滨。要是你懂汇率行情的话，我想你就会同情我这根松木拐杖了。我觉得你应该能够想象得出，这五年来我在西方过的是怎样悲惨的生活。你也应该能想象，如果我打着‘新归国者’这样漂亮的招牌站到舞台中央，肯定会有人嘲笑我：‘瞧呀，那个臭要饭的，给日本人丢尽了颜面！’在国外的时候，我就是讨人嫌的日本人。用这拐杖装乞丐，倒是很合适。”

南条一边用松木拐杖敲击脚下，一边继续说：“但是，这绝不是假装的，而是因为我患上了严重的风湿病。我吃不饱，身体羸弱，天气又严寒，屋里生不起火，说是神经痛和风湿症，但严重的时候，膝盖会瑟瑟颤抖，跪倒在地，像折断筋骨一般地疼。后来总算能拄着松木拐杖走路了，却再也没法跳舞了。一想到这，我就身心俱废，颓唐无比。一旦被大使馆遣送回国，那该多么丢脸啊。我除了等待，别无他法。去医院看医生吧，但这种病又不是很快就能治好的。而西方的温泉，又是极端昂贵的场所。我只能靠自己注射麻醉药止痛。结果药物中毒，脑子也不好使，精神也垮了。这就是我的留学生活。在昨天看到星枝小姐的舞蹈之前，我就是一具行尸走肉啊！”

河岸边的道路不知何时变成了坡道，爬上坡就来到了大街上。夏季的花在那儿开放着，散发着奇异的香味。白色的蝴蝶翩翩起舞，令人感到晃眼。

南条停下脚步，擦拭汗水。

“我想你应该能理解我躲在船舱客房时的心情。那时，虽然不能说没有拐杖就无法走路，但我觉得自己是作为一个废人踏上日本的国土的，它是个标志，所以我就用了这松木拐杖。与其说没脸见竹内老师，不如说害怕见到在码头上欢迎归国者的人们。我只想着今后隐姓埋名地生活下去。再说，对于日本人学跳西方舞蹈，我也心有胆怯，没有信心。”

“既然那么困难，那为什么还在美国转上那么大一圈才回来？这不很奇怪吗？”

“奇怪？全靠那位夫人，她是我的恩人。是她帮我回到了日本。”

这时，公共汽车来了，南条的话就此中断了。

星枝冷不防举手叫停了公共汽车，然后以抗拒的眼神冷冷地看了看南条，以此道别，转身上了车。

当然，南条随后也急急忙忙地上了车。

星枝一下子红了脸，不知何故，一直红到了脖子根。她不知所措，羞怯地低下了头。

“停车！”

她突然叫喊着，不顾一切地跳下车。

事发突然，南条根本来不及起身跟随。

星枝站在原地，依然保留着跳车下来时的姿势，完全没有意识到自己已满头大汗。她目送着公共汽车扬起的白色灰尘，抑制着内心的悸动。车子消失在了山的背面，她才感到腿脚麻痹，一下子跌坐在了路边的草地上。

随后，她放声痛哭了起来。

在青草散发着暑气的郊外，没有一个路人。

铃子照例和平时一样，带着台上跳舞的余韵，脚步轻盈地返回后台，不想却看到星枝愣愣地坐在梳妆台跟前。她高兴极了，怀疑自己是在做梦。

“啊，星枝，你怎么来啦？真叫人高兴。”说着从身后抓住她的肩膀，顺势滑坐下来。星枝被铃子的双膝夹在中间。

铃子一身可爱的装扮，活像一个在魔法森林中的吹笛少年。少年分开赤裸的双腿，像姐姐似的摇晃着星枝。

“你特意从大老远过来，太让我惊讶了。我真想见你。讨厌，你老是独自摆出一副冷漠的样子。”

忽然，星枝闭上了眼睛。

铃子有点不安地问道：

“你怎么啦？对不起，你大老远地赶来，是否有什么话要说？”

“哪里，一听到铃子的声音，我就开心了。”

“哟，你这坏家伙，讨厌！不过，真的是好久不见了，老师也会大吃一惊的。也不见你回信，是不是还在用望远镜观赏港口呀？”

“我打过电话，但是没有打通。”

“电话？对了，电话没有了！”

“这些都回头再说吧。”

星枝睁开眼睛，环视屋内，说：

“这后台也太脏了！”

“别这么说，会让人听见的。在这乡下，算是不错的了。后台倒还算凑合，那舞台才叫人难以忍受呢。公共会堂和学校之类的地方，全都没法跳，照明也不行，真是太可怜了。但是，老师也一起来了，我们绝不会马虎混事的。我们跳舞，可没有一次是不卖力气的。你没闻到我衣服上的汗臭吗？已经出来二十多天了。老师也怪可怜的，因为星枝说讨厌给日本浴衣做宣传旅行，老师只能自己来了。”

“是吗？”

“每天都很闷热，到梅雨季节了。”

“真是郁闷。”

“只要一跳起来，就不会觉得郁闷了。”铃子离开星枝，站起身来说，“你去对老师说，就说家里不同意你外出。反正老师也以为你是千金小姐，家里不会放你出来呢。”

舞台那边传来了钢琴的弹奏声。

铃子看了星枝一眼，意思是说竹内老师在跳舞，而后迅速地准备好下一场舞蹈要穿的服装。好像是竹内与铃子的双人舞。

“都是些让人怀念的服装吧？”

“是啊！”

“星枝，你的脸色不太好，是坐火车太累了？你想见我们，所以过来玩了？我光顾着高兴，你不要介意啊！”

“是跟我父亲一起，前两天就来了。”

“哟，是来避暑的。”

“来谈生意的吧。”

“是啊，这儿是蚕丝的产地嘛！这我就放心了，我还在琢磨星枝会追到这地方来，真有点奇怪。”

说着，铃子一笑，又回到了梳妆台边上。

“请让一让，我要化妆了。”

“好的。”星枝点点头，可是当铃子的脸映在镜子里，与自己的脸重合时，她好像恐惧似的吓了一跳。

铃子吃惊地问：

“你怎么啦？是不是突然不跳舞，身体变差了？真叫人纳闷儿。”

“不是。是与你那张化过妆的脸叠在一起的关系。看着你那张脸，我好像见到的不是你，真别扭。”

“是吗？”

“帮我化化妆吧！”

“真拿你没法子，人家正忙着哪！”

铃子随意地为星枝扑上些白粉，抹上点口红。

星枝像个人偶，安静地闭着眼睛。

“天气热，简单地化一下就行了。”铃子转过头看着星枝的脸，“你那张脸啊，浓妆淡抹都美，真是奇妙啊。对了对了，你是否还记得，我们跳《花的圆舞曲》的时候，星枝坚持说我是一脸的愁相。”

“早忘了。”

“你可真健忘。”铃子正在给她描眉，一滴眼泪忽然顺着星枝的脸颊流淌下来。

“哟！”铃子不由得停下手，随即压下自己的惊愕，若无其事地微笑着为她擦去泪水。

“这算怎么回事？我来吧。”

星枝闭着眼睛，像是戴着一副美丽的面具。

“铃子，你爱南条吗？”

“爱呀！”铃子明确地回答，“那又怎么啦？”

“你说的是真的吗？”

“是真的！”

“是吗？”

“也许是我从小就一心念着他，但实际上我对他的感情是不是就那么纯真呢？不过，我以为爱也是一种意志，南条是个坏蛋也罢，残疾人也罢，都没有关系。他在西方学到的东西，我都想学到手。他所掌握的东西，我都要弄过来。像是对一个背叛者的复仇。不过对他而言，也需要这种爱的意志吧。不管怎么样，我都想和他一起跳舞。倘若能与自己喜欢的人共舞，就是死了也甘心！”

铃子说得相当决绝，不知不觉之中，将星枝从梳妆台前推开，开始麻利地为下一个舞蹈化妆了。

“我想了很多，乍一听，这种爱情像是功利的，但是实际上并非如此，这是一种爱的意志。我已经不相信感情这玩意儿了，如今的社会已经越来越成了这种德行。有才能的人，往往感情都是脆弱的。即便是恋爱，要是凭着意志一直走下去，就是失败了也不会酿成悲剧，反而能到达目的地，傲然挺立。我不想后悔，我要毫无遗憾地生活下去。”

星枝茫然地听着。

“为了学习跳舞，就是把自己卖了都行，我就是不想留下寒酸、贫穷的回忆。迄今为止的我，真是太不中用了。”

“跳舞，究竟好在哪儿呀？”星枝孩子气地问道。

“好在哪儿？好在它是我活在世上的目的。”

“假的！”

“那什么才是真的？对星枝而言，什么才是真的呢？”

星枝满不在乎地说：

“你不要再说了，吵死了！”

铃子感到生气，瞪了星枝一眼，但马上又如梦初醒一般地说：

“还不是因为你在问我爱不爱南条吗？”

她笑了，随即又沉下脸来。

“奇怪，你干吗突然问出这种话？”说完，她打探似的看着星枝。

星枝感受到了她的目光，立刻用反驳的口气回答：

“南条又不是一个瘸子喽！”

“你说什么？”

“他能跳舞！”

“你见到他了是吧？星枝，发生了什么事情？是吧，这下我明白了。”

“什么事也没有。”

“你不用瞒着我。听你这么一说，我觉得自己很早以前就明白了。”铃子平静地说。

这时，竹内走进屋来。

“啊？你怎么来了？好久不见了。”他在梳妆台前坐下，紧锁双眉，一边脱衣服一边说，“真热啊！”

铃子取来拧干的毛巾，给竹内擦拭身体。她的手在颤抖。

“老师。”

“怎么啦？”

“听说南条没有瘸，他能跳舞。”铃子抓住竹内背部的肌肉，把脸贴在他的肩上哭了。

“别哭，请等一下！”竹内拉开铃子，突然站起来，因为他看见南条呆呆地站在后台的门口。

南条拄着松木拐杖，低垂着头，仿佛要是没有拐杖的支撑，马上就会倒下去似的。

“老师，我是来给您道歉的。”

“什么？”竹内愤怒极了，他刚要冲过去，不想星枝却突然站起来拦住了他。

“老师，别这样。”

“让开，你这家伙！”竹内还是冲到门口，冷不防揍了南条。

“浑蛋！瞧你这熊样，成何体统！”

南条不由地举起拐杖，护着身体。

“你想干什么？举起拐杖，想干什么？”

铃子撑着一条胳膊，默默地观望着。

星枝插到两人中间，以嘲讽的口气劝慰竹内：

“老师，您别说了，那拐杖只是个摆设。”

不知南条是怎么想的，他的脸色陡变。“畜生！”他抡起拐杖，劈在星枝的肩膀上。她倒向了竹内的怀里。

因为星枝重重的撞击，竹内向后一个踉跄，一脚踩空，仰面滚下了楼梯。

舞台上，同行的女歌手正在演唱热闹的流行歌曲。

竹内被抬进了医院。他的后脑勺遭到了重击，右肘也疼得无法动弹。

作为竹内的替代角色，南条加入了一行人的巡演。

当天的深夜，演出团离开了市区。

从医院疾驶向车站的汽车里，三个人都缄默无语。在进入检票口之前，铃子突然夺过南条的拐杖说：“扶住我！”

说完，她就把肩膀靠了过去。

然后，她把拐杖递给星枝说：

“请把这东西扔了，不然还会出危险的。”

“嗯。”星枝点了点头。

接着，星枝就直奔医院去看护竹内了。

（一九三六年）

# 译后记

本作品集收录川端康成的两部中篇小说《雪国》和《花的圆舞曲》。

《雪国》一九三五年至一九三七年以短篇小说的形式发表于《文艺春秋》和《改造》等杂志，一九三七年六月由创元社刊行单行本，首次使用“雪国”的书名（台湾有译成“雪乡”的）。以后多次续稿修订，至一九四七年十月完成连载。一九六八年成为作者获诺贝尔文学奖的主要代表作。小说发表后就享誉文坛，被誉为“精纯的珠玉之作”，是“日本文学中不可多得的神品”“堪称绝唱”。获得诺贝尔文学奖之后，它更是被誉为“近代文学史上抒情文学的一座高峰”。

穿过县境上长长的隧道，就是雪国。那一年春天，为了寻找失去的自我，坐吃祖产、无所事事的东京舞蹈研究家岛村曾来到雪国，结识了温泉旅馆的侍女。到冬季两人再次重逢时，已成为艺妓的驹子住在专教三弦和舞蹈的师傅家，师傅的儿子行男重病，为了帮他治病，驹子才下海当了艺妓。一直在照料病人的是另一位叫作叶子的姑娘。岛村与驹子的关系日益亲密，却又暗中倾心于叶子。第二年秋天，岛村第三次来到雪国，行男已病逝，叶子恳请岛村善待驹子。一天晚上，放电影的茧仓失火，叶子从火场的二楼坠落下来丧生。作品为读者展现出一个充满诗情画意、哀怨幻想的世界，在隐晦的主体与扑朔迷离的意境中，以美丽的自然景观为背景，描绘了驹子和叶子渴望爱情、认真生活的纯洁形象。而生活阔绰、以虚无态度游戏人生的岛村身上，也集中了二十世纪三十年代中产阶级知识分子对现实无能为力、消极遁世的人生观，一定程度上反映了作者自己的思想、兴趣和情感。

一九六八年诺贝尔文学奖授予川端康成的授奖词说："以敏锐的感受、高超的叙事技巧表现了日本人的精神实质。"

可以说，《雪国》奠定了川端康成幽美哀婉、空灵剔透的艺术风格，代表了他小说创作的最高成就，成了他美学思想的集中体现。

日本传统的审美情趣，是务求在"清淡中出奇趣，简易里寓深意"。其审美意识，可以说是偏重感觉和情绪的。其中，"真诚""物哀""幽玄"是贯穿日本文学的三大文学理念。

真诚，即"修辞立诚"，在创作上力求用艺术手法表现自然和人生朴实纯真的形象。物哀也有译成"日本式的哀婉"。最早是日本古代歌谣中的形声，指赞赏、感慨、哀伤的感叹之声，进而表达“共情共感，优美纤细的怜惜之情”，其中对四时风物的感念、世事无常的喟叹，更具有悲伤哀婉的内涵。物哀是心与形、主观与客观、自然与人生的契合，表现一种优美与典雅的情趣。幽玄则散见于中国古典，原意指老庄哲学与佛法之深不可测。用于诗论，以概括中世艺术的特色，指作品的象征之趣、韵外之致。因时代不同，内涵亦有平淡之美、妖艳之美、寂静之美的区别。川端康成在《发扬日本的美》一文中说：“平安的幽雅哀婉，固然是日本美的源流，但是，也还有镰仓的苍劲，室町的沉郁，桃山、元禄的华丽，递传而下，一直绵延到引进西方文明一百年后的今天。”所以，我们不难看出，川端康成所继承的传统美，是以《源氏物语》为中心的优美纤细、多愁善感的贵族美学，又揉进了中世的幽玄妖艳的象征美。

通过《雪国》，我们可以领略到，作为人学的文学，人与自然的主题一定会亘古常新。人与自然的主题，一直追随着人类的艺术实践活动，不断诱发着作家在其创作活动中对人和自然进行深层次的艺术思维。川端康成的文学的自然审美观实质上就是人如何认识自身的问题，反过来说，在人与自然关系的艺术思维中，也必能触及人类的某些精神实质。因此，川端文学表现出的日本人的精神实质、艺术功力的获得，很大程度上取决于他的自然审美观。他对于自然的敏锐与精深的感受，可以说是构成其独特自然审美观的极其重要的因素。

日本民族自古就有以自然风物来感悟人生、体察人情思维的传统，即“自然风物之情思”。在对自然的感触中，既体现了日本人特有的性格，也具有人类共同的普遍性。川端文学的自然审美观的形成与日本民族的“万物有灵观”“天人合一观”和“植物美学观”的自然观不可分割，抑或说它们正是川端文学的自然审美观形成的基础。

除了短篇小说《伊豆舞女》,《雪国》也是川端康成最钟爱的作品。据说川端康成晚年曾用毛笔恭录《雪国》，订成两册，弃世后才由家人发现，可见川端对这部小说的珍爱。

本集中的《花的圆舞曲》，按照川端康成所言，是一部“尚未写完”的作品，原本拟他日续写，但是终未如愿，如同其他许多创作一样，他的作品随时可续，随时可止，并不会影响作品的完整，也无伤宏旨。

川端康成的作品中，有不少以舞女为主人公的创作。他曾经说过：舞蹈是可视的音乐，动态的美术，形体的诗歌，戏剧的精华。就连一朵花中，也蕴含着舞之梦。而女人的美，在翩翩的舞姿中，可说臻于极致。而且，女性也通过舞蹈创造了美。没有优秀的舞女，我们便无从领略女性真正的美……《花的圆舞曲》写的也是舞蹈演员，除了对星枝和铃子两位舞女及老师竹内的描绘外，重点放在表现人物对于艺术的极致的追求，意图为艺术而献身的精神，表达了作者“对生命的光辉的憧憬与赞美之心”。作者以其伤感的抒情、优美的文笔，表现了他对于艺术理想境界的歌颂。

谭晶华

二〇二一年十二月一日

图书在版编目（CIP）数据

雪国/（日）川端康成著；谭晶华译. --长沙：湖南文艺出版社，2023.1
ISBN 978-7-5726-0895-7

Ⅰ.①雪… Ⅱ.①川… ②谭… Ⅲ.①中篇小说-小说集-日本-现代 Ⅳ.①I313.45

中国版本图书馆CIP数据核字（2022）第194099号

雪 国
XUE GUO
[日]川端康成 著 谭晶华 译

出 版 人 陈新文
出 品 人 陈 垦
出 品 方 中南出版传媒集团股份有限公司
上海浦睿文化传播有限公司
上海市巨鹿路417号705室（200020）
责任编辑 吕苗莉
装帧设计 凌 瑛
责任印制 王 磊
出版发行 湖南文艺出版社
长沙市雨花区东二环一段508号（410014）
网 址 www.hnwy.net
经 销 湖南省新华书店
印 刷 深圳市福圣印刷有限公司

开本：787 mm × 1092 mm 1/32 印张：8 字数：139千字
版次：2023年1月第1版 印次：2023年1月第1次印刷
书号：ISBN 978-7-5726-0895-7 定价：49.00元